稲川照芳 著

現代日本の国際関係

――東アジア・日本・欧州――

信山社

はじめに

一九八九年二月の寒い朝、モック・オーストリア副首相兼外相の接伴員として、新宿御苑の一角で行われた昭和天皇の大喪の礼に参列していた筆者は、ザクザクと天皇陛下の棺を担いだ一行の足音が近づくのを聞きながら、ある時代が確実に終わったことを実感した。

日本の昭和が終わったと同時に、世界では大きく時代が変わろうとしていた。その年一一月、ベルリンの壁が落ち、第二次世界大戦後私たちにとって所与の事柄であった冷戦構造が終わろうとしていた。その後、九〇年にはドイツが再統一され、翌年暮れにはソ連が崩壊した。二一世紀冒頭には、テロによる米国同時多発テロを契機にイラク戦争が勃発、アフガニスタンでは治安が悪化し、内戦が激しくなっていった。

その一方でリスボン条約（二〇〇九年）以降「欧州大統領」、外交・安全保障代表も任命され、さらに進むかに見えたヨーロッパの統合は、加盟国ギリシャの大幅な財政赤字問題と内政の混乱による金融不安が、スペイン、イタリアに広がり、世界経済の大きな不安材料となっている。

そして、アジアでは、ASEAN、APECなどのアジア・太平洋規模での協力が進み、米国もその外交の軸足をアジア・太平洋に移しつつある。台頭する中国は依然として一党独裁の下、その人口と経済力を背景に、大国主義的なあからさまな軍事力を誇示し、近隣アジア諸国に警戒心を抱かせている。二〇一二年一一月に発足した中国新指導部の下でも強硬な大国主義的な政策を打ち出すと思われるが、中国の改革は進むのだろうか？ さらに、北朝鮮もキム・ジョンウン体制となり、その動向から目が離せない。一体アジアはどう変化してゆくのだろうか。

私は、学生時代からヨーロッパ法を学び、外交官としてヨーロッパに長く暮らして、ヨーロッパ統合の進展ぶりを肌で感じてきた。その間、ヨーロッパ情勢をフォローし、困難を克服する各国の姿に深い感銘を受けてきたと同時に、常に日本・アジアの情勢は頭から離れなかった。二〇一二年初め、私は、ドイツのある大学からアジア情勢について話をしてほしい、という依頼を受け、日本の東アジア政策、アジア・太平洋地域の現状をドイツの若い人々に講義する機会を得た。これは、ヨーロッパでアジアについての関心が高まっている証左であろう。本書では、日本の東アジア政策、アジア・太平洋の協力について、二〇一二年初頭ドイツ・チュービンゲン大学で講義したものを基礎にIとして、記述しておいた。

現在、中国の台頭、その大国主義的な主張や行動を見るにつけ、日本を取り巻く世界情勢は全く新たな挑戦を突きつけられているような気がする。このような時機に、私は、開国以来の、そして戦後日本の東アジア政策を振り返り、アジアの協力の現状、そして第二次世界大戦以降ヨーロッパが追及してきたヨーロッパ統合の現状（なかんずくユーロの状況）について、もう一度自分なりに整理して、記述してみようと思うに至った。私の外交官としての思いのほか、実務経験や日本やドイツの大学で得た経験からも、最低限これだけは知っておいてほしい、と思ったことも記述しておいた。

もちろん、アジアにもEU代表部にも勤務経験のない自分のような者が、アジアやEU（欧州同盟）の流れを書くのは恐れ多い。そういう思いを抱きつつ、敢てチャレンジの気持ちと、ヨーロッパとアジアのより強い協力を願い、書き記すことにした。これを機に多くの人々が、東アジア・ヨーロッパの協力に思いをめぐらしてほしい。

たまたま、二〇一二年は欧州石炭・鉄鋼共同体が発足し、ヨーロッパ統合が始まってから六〇年にあたる。また、二〇一二年のノーベル平和賞が、EUに与えられた。この機会にヨーロッパ統合について振り返るのは意味があろう。その一環として、私の恩師であるチュービンゲン大学法学部教授のユーロとヨーロッパ統合に関する見解を紹介することとした。彼はヨーロッパ統合の意義、とりわけ平和の意義を今日の若い人々に伝えてゆくことのむずかしさを強調している。平和は当然のものではなく、与えられるものでもなく、懸命に作ってゆくものである。このことは、ヨーロッパでもアジアでも共通する。

長年外交官として外部から日本を眺めてきた者として、また日本の安全保障の進展を望む学徒として、最近の日本を取り巻く情勢を憂慮している。日本の将来の平和的発展のために、日米同盟を大切に一層強化・深化させて（もちろん、その過程では苦痛を伴う決断も必要であろう）、日本外交の基軸とすること、それを基礎にヨーロッパ始め、各国との平和的発展が緊要であることを肝に銘じることが重要である。

一九九八年に日本を公式訪問したある国の大統領が、戦後の日本が、軍事大国にならず、民主主義国家として、外国に対して援助を行ってきたという、この三点を指摘して日本の在り方を称賛していた。戦後の日本の行き方、平和と国際秩序を維持し、国際法を重んじ、国を開いてゆくことを、私たち日本人は誇りにしていいと考える。

今日の歴史教育においては、現代史の一層の勉強が望まれる、ともきく。そういう観点もあり、本書では、開国以来の日本外交について触れてみた。

なお、本論はすべて私の個人的権見解であることを念のため申し上げておく。

二〇一三年三月中旬

稲川照芳

目次

目次

目　次

目次

I　開国以来の日本の東アジア政策

一　第二次世界大戦前の東アジア政策

明治維新以降、日本は国内経済の発展と軍事力の強化に邁進した。開国当時は西欧諸国によるアジア、特に中国（清国）の植民地化の最中で、これに対抗するためにも、富国強兵政策が必要であった（条約改正、鹿鳴館建設、帝国議会の開設など）。

日本は、朝鮮半島を西欧帝国主義から日本を守るための生命線と考え、朝鮮半島に関心を示したため、当時朝鮮半島に強い影響力を持っていた清国との間に摩擦を生み、結果、清国との戦争に至った。この日清戦争に勝利したことで（一八九五年）、日本はヨーロッパ諸国と並んだ。しかし、戦後の三国干渉（ロシアがフランスを誘い、さらにドイツを勧誘し、遼東半島の中国への返還を日本に要求したもの。日本は止むを得ずこれを呑んだ）で、日本国内のナショナリズムは刺激された。

その後、起こった北清事変では欧米各国が中国に出兵し、北京での欧米各国の権益を守った。日本も欧米各国と共に出兵した。しかし、ロシアは期限を過ぎても満州から撤退せず、そこで日本は、朝鮮半島をめぐるロシアの野心を懸念し、日本とロシアの対立は深まった。そして、ついに日露戦争に至った。

日露戦争勝利（一九〇五年）以降、日本はヨーロッパ諸国と同様にアジア諸国に対して帝国主義的となり、一九一〇年に韓国併合、一九一五年に対華二一カ条の要求、さらに第一次世界大戦では日英同盟の義務を大義名分に大戦に参加、ドイツの太平洋の植民地、中国における権益を奪った。

第一次世界大戦後の一九二〇年代は、幣原外交の時代であり、日本は一時期国際協調路線をとった（ワシントン体制、ヨーロッパのロカルノ体制、パリ不戦条約と歩調を合わせた）。

しかし、昭和に入ると（一九二五年）、軍部を中心に韓国・中国東北部への進出を開始した。一九三一年には日本は満州国を作り独立させ（満州事変）、一九三三年に国際連盟を脱退、一九三七年には中国との戦争に突入した。さらに、ドイツ・イタリアなど枢軸諸国との協力関係を進め、中国との戦争に深入りし、中国への機会均等を主張する米国との対立を招いた。また、石油・鉄鋼の供給を得るためにアジア南方に進出すると、これがオランダ、フランス、英国との対立を惹起した。そして、一九四一年一一月末、米国国務長官ハルのノートにみられるように、米国は交渉打ち切りに等しい最後通牒を突き付け、一二月八日、ついに日米は開戦し、第二次世界大戦に突入した。この間、日本は、アジアでは日本を中心とする独善的な「大東亜共栄圏」を主張し、国内では「大政翼賛会」と称して、軍部が政治経済で力をふるい、政党政治は麻痺し、戦時体制に突入していった。

二　第二次世界大戦後の東アジア政策

(1)　戦後の出発

第二次世界大戦に敗れた日本は、復興を目指し、経済の回復、平和的な日本の建設を重視した（軍事力を最小限とする平和憲法の制定、経済発展重視の政策など）。

そして、アジア諸国に対しては、賠償を通じてアジア諸国の経済発展に貢献した。ただし積極的な外交は行わず、どちらかというと、ＯＤＡ（政府開発援助。一九六〇年から二〇〇四年までの累積で東アジアへの供与額は日本のODA供与額の約三分の一にのぼる）を通じての経済的援助に徹して、政治面での行動は控えた、といえる。しかし、このような経済的進出は、やがて壁にぶつかった。一九七四年、田中首相（当時）は東南アジア歴訪の折、特にタイ、インドネシアなどで、反日デモに遭遇することになった。日本のアジア政策には、その支柱となる精神が欠けていたともいえよう。

(2) 福田ドクトリン以後

日本のアジア政策が新展開するきっかけになったのは、福田首相（当時）の、一九七七年マニラでのASEAN（東南アジア諸国連合）首脳会議における演説（福田ドクトリン）であろう。

ASEANは、ヴェトナム戦争の最中、一九六七年に東南アジア諸国（タイ、シンガポール、マレーシア、インドネシア、フィリッピン）の間で設立された。ASEANはヴェトナム戦争に巻き込まれないよう（東南アジア中立化連合）、経済発展を尽くし（東南アジア自由貿易圏構想――一九九一年に発表、二〇〇三年にASEAN先進国では完成）、地域の安定を目指したものである。過去の経験から、アジア諸国は大国の「干渉」に敏感であり、また日本もアジア諸国に対して注意深いアプローチを行ってきたが、福田ドクトリン以降、日本はASEANをサポートする一方、ASEANを「ドライヴァー」として（前面に立てて）その後のアジア外交を展開することになった。

福田首相は演説で、日本とASEANとの関係に「心と心の良好な関係」が必要なことを明らかにした。そして日本が平和に徹し、軍事大国にならないことを鮮明にした。また、福田ドクトリンは、日本がヴェトナム戦争の終結をにらんでインドシナ諸国との友好関係に努力することにも言及していた。

ところで、日本にとって、米国をどのようにアジアに結びつけるかは常に重要であった。日本は米国と同盟関係にあり、アジアの将来の平和と安全保障は米国抜きにしては考えられない。

一方、中国は七〇年代末の改革・開放政策以降経済発展を遂げたが、軍事面ではアジアの国々に深刻な憂慮を引き起こしている。中国が将来のアジアにおいて重要な役割を演ずる存在となることは明らかであるが、アジアにおける安全保障面のバランスを考えても、アジア・太平洋で米国が引き続き影響力を維持してゆくことは重要である（日本は一九五二年のサンフランシスコ平和条約の発効と共に台湾を唯一の正当な政府と認め外交関係を結んだが、一九七二年田中首相〔当時〕の北京訪問により、大陸の中国政府を唯一合法政府として承認した。その後、日中関係は過去を巡って時として先鋭化した。日本の教科書検定問題、日本国首相の靖国神社公式参拝、日本の国連安保理常任理事国入りを巡って、中国は日本を批判している。過去を直視して正しく知ることは、将来を正しく判断するために不可欠であるが、日本全体を批判する態度はとるべきではない。これは韓国との関係でもいえる)。

日本では大平首相(当時)の下、民間・官界・学会の三者で研究がすすめられたが、その骨子は、太平洋を取り巻く諸国が政治・経済・文化の分野で協力すべし、というものであった。八〇年代初めにはアジア・太平洋での民間協力がすすめられ(PECC)、やがてこの構想がAPEC(アジア・太平洋経済協力会議)に結実することになった(一九八九年)。

一九九〇年代前半、マレーシアのマハティール首相などが、オーストラリア、ニュージーランド、米国がアジアに関与することに反対したことがあった(Look East)。

しかし、米国はクリントン政権下、次第にアジア・太平洋に関心を示し、一九九三年APECは米国シアトルで最初の首脳会議を開催した。ただし、APECは二一の国および地域の、あくまでも拘束力のない、各国の自主性を重んじる意見交換の場であった。

現在、東アジアは「世界の成長センター」として注目を集めており、日本も将来のアジアの成長地域が、ＡＳＥＡＮを軸に自由貿易のルールに基づき統合を目指してゆくことに参加し、支援していこうとしている。

なお、日本の戦後の東アジア政策で画期的であったのは、一九九二年に「国連平和維持活動等に関する法律」を制定し、日本政府が戦後初めて、紛争に明け暮れたカンボジアに自衛隊を派遣し、武力行使を排除した形で、選挙監視、国造り、学校などのインフラ作りに貢献したことである。

三　東アジア地域の統合と協力

(1)　ＡＳＥＡＮ（東南アジア諸国連合）

日本は域内の大国、先進国として東アジアの発展に尽力してきた。しかし、戦前の経験から東アジア諸国は大国の干渉を嫌い、大国の支援について敏感であることから、日本自らが先頭に立つのではなく、東南アジア諸国のイニシアティブに任せた。その第一歩が、一九六七年に成立したＡＳＥＡＮへの支援であった。

当初五カ国（シンガポール、タイ、マレーシア、インドネシア、フィリッピン）で発足した（後にブルネイが参加）ASEANは、当時のヴェトナム戦争の影響を受けずに、中立地帯として経済発展を遂行し、地域の平和と安定を目指した。域内においては、東南アジア中立地帯宣言（一九七一年）をし、東南アジア友好条約（一九七六年）を締結した。域外に対しては、七九年以来、拡大ASEAN外相会議を毎年開催、この会議には、米国、日本、中国、ロシアの他、北朝鮮なども参加している（一九九四年ASEAN地域フォーラムとして継続）。ASEANは対話の場を提供することで、東アジアの安全保障に貢献していると言えよう。

また、ASEANは一九九二年以来首脳会議を定例化、二〇〇一年からは毎年開催している。現在、ASEAN関連の会議は年七〇〇回にも及んでいる。

ASEANは、内政不干渉の原則の下に、全会一致による意思決定と対話優先の会議外交を特色とする。これらは「ASEAN方式」と呼ばれる。

今日では、東南アジアの大陸諸国（ヴェトナム、ラオス、カンボジア、ミャンマー）が参加し、ASEANのメンバーは一〇カ国となっている。

また、一九九七年に発生したアジア通貨危機以降、ASEANと日本、韓国、中国からなる「ASEANプラス3」の政府間協議が急速に進展した。さらに、これにインド、オーストラリア、ニュージーランドを加えた「ASEANプラス6」も生まれた。一九〇五年からは、「東アジア・サミット」も定例化している（二〇一一年以来米国、ロシアが参加）。

二〇〇三年の「ASEAN共和宣言」では、二〇一五年にはASEAN共同体を結成することが宣言された。二〇〇七年にはASEAN憲章が採択され、ASEAN人権機構の設置も合意された。

とはいえ、理想と現実の乖離も大きい。

最近の中国の台頭、特に中国が南シナ海でフィリッピン、ヴェトナムなどと、島の領有権を争う姿勢が、ASEAN諸国の団結に困難をもたらしている。二〇一二年七月のASEAN外相会議で、初めて共同声明が採択されなかったのは、その影響である。その後遺症で、一一月のASEAN首脳会議でも、南シナ海の領土紛争を国際法などの平和的手段で解決すべき、という行動規範は採択されなかった。これには、中国の意を呈したカンボジアが採択に反対したという。

(2) APEC（アジア・太平洋経済協力会議）

東アジア「統合」を目指すもう一つの核は、APECである。APECは、既述のようにPECCから発展したが、これは、太平洋がアジアに加わること、すなわち米国の参加を前提にしている。アジア・太平洋の経済協力は、この地域に将来の自由貿易圏を作ることを目指しているが、今日、急速にアジアのみならず世界で発言力を増している中国を含む限り、安全保障面で米国の存在が不可欠である（これは同盟国である日本のみならず、アジア諸国の希望でもある）。

九〇年代の初めには、マレーシアのマハティール首相が唱えたEAEC構想もあった。これはオーストラリア、ニュージーランド、米国などを東アジアの協力体制から外そうというものであったが、これはアジア諸国の賛同を得るところとならなかった。そのころから米国は、アジア・太平洋が将来成長地域になるという認識の下に、この地域に関心を持っていた。

APECは、一九八九年一一月、冷戦の終了と同時にオーストラリア（キャンベラ）で、貿易と投資の自由化を目指して発足した。加盟国は目下、アジア・太平洋の二一地域・国であり、米国、ロシア、中国、韓国、日本を含む。これは、世界人口の四〇％、GDPの五四％を占め、域内貿易額は世界貿易の四六％に達する。APECの躍進は、東アジア各国が生産ネットワークを形成していることにある。

APECの特徴は、条約という義務にとらわれず、各国が自主的に自由化処置をとる、という点である。自由化推進に関心の強い国は、二国間ないし多数国間のFTA（自由貿易協定）に参加している。ここに関係国がTPP（環太平洋パートナーシップ協定）に進む余地が出てくる。

当初、米国はAPECにそれほど積極的ではなかったが、八一年に発足したレーガン政権は「二一世紀はアジアの時代」と主張し始めた。実際八〇年代には米国の貿易は、大西洋貿易を太平洋貿易が上回り、アジアの経済成長が本格的なものであるとの確信が生まれた。さらに、中国の将来をにらんで、政治・経済を総合したアジア・太平洋戦略を目指している。

一九九四年、APECはインドネシアのボゴールで、先進国は二〇一〇年、発展途上国は二〇二〇年に自由貿易に移行することを宣言した（ボゴール宣言）。しかし、APECでは、各国が自主的な処置をとることに留まるため、ボゴール宣言は事実上実現しそうにはない。これまでに、二国間あるいは多数国間のFTAが成立し混乱をきたしたので、米国は二〇〇六年以来アジア・太平洋自由貿易圏構想（FTAAP）を提案し、現在APEC内で検討が進んでいる。

(3)　TPP（環太平洋パートナーシップ協定）

FTAAPに至る道としては、TPP（環太平洋パートナー協定─交渉中）のほか、ASEANプラス3（日・中・韓）、ASEANプラス6（日・中・韓にインド、オーストラリア、ニュージーランドを加える）がある。

TPPは当初、シンガポール、ブルネイ、チリ、ニュージーランドで交渉を開始したが、その後米国、オーストラリア、マレーシア、ヴェトナム、ペルーが参加した。野田首相（当時）は、二〇一一年一一月のAPEC首脳会議（ホノルル）で、日本はTPP参加を念頭にTPP交渉国と協議を始める、と宣言した。日本が事実上交渉に前向きの意向を表明した後、さらにカナダ、メキシコが交渉参加の意向を表明し、これで計一二カ国が参加する可能性が出てきた。また、二〇一二年一一月、タイ政府がTPP交渉参加を表明した。（二〇一三年三月、安倍新首相は、日本がTPP交渉に参加する旨表明した。）

興味深いのは、これまで、日本・韓国との自由貿易協定締結に熱心でなかった、中国が、にわかに日中韓FTA交渉に関心を示してきたことである。

日本のTPP交渉参加を巡っては、国内で、TPPに入れば日本の農業、特に米作に壊滅的な影響が出るのではないかと反対論が盛んになっている。

私見では、TPPへの参加は、日本が一層国を開いて、自由貿易のルール作りに積極的に参加してゆく道が開けることであり、農業分野でも現状を続けることでは日本の農業に活路はなく、開国して積極的に攻める農業にしてゆくべきであると考える。これからは、出来るだけ自由な貿易のルールを作ってゆくべきであり、それが日本のプラスになると思う。また、中国との協力は進めてゆくとしても、日本が米国と協力し、同盟関係を深めてゆくことは必要である。中国の不透明な安全保障政策、東シナ海・南シナ海の島をめぐる領有権主張は、日本には受け入れ難い。今後、貿易でも中国式のルールが中国側より主張されることが予想される。米国などと協力してそれを抑制してゆくことも必要だと思う。

(4)　ASEM（アジア欧州会合）

ところで、ヨーロッパとアジアの協力と対話は、ASEMの場で一九九六年以来続けられている。政治、経済、文化などの議論を通し、ASEM信託基金（ATF）といった具体的成果がある。また、ASEM首脳会議と並行して、例えば、第六回会合以来、Asia-Europa Bussiness Forum（アジア・ヨーロッパビジネス・フォーラム）、ASIA-EUROPE Peoples Forum：AEPF（NGO代表によるアジア・ヨーロッパ人民フォーラム）が開催されている。しかし、このフォーラムは事務局も置かず、あくまでも対話が主で、特に成果は上がっていない。ヨーロッパとアジアの協力の必要性があまり意識されていないことに原因があるだろう（ヨーロッパはアジアにあまり関心を持っているとはみられないし、アジアでも「アジアとヨーロッパは違う」と言われることが多い）。

しかし、地球温暖化問題、ユーロ危機の世界経済に対する悪影響や、また最近の中国の「日本は戦後の世界秩序に挑戦している」といった、ヨーロッパを中心に発達してきた国際法秩序に挑戦するがごとき主張を考えると、アジアとヨーロッパが協力すべき問題は多くあり、ASEMプロセスは国際的な問題解決に有意義であると思われる。対話を通しての相互理解の点では、OSCE（ヨーロッパ安全保障・協力機構）、特に、ヘルシンキプロセス（II五参照）でのヨーロッパの経験は参考になろう。最近問題となっている東シナ海、南シナ海での領有権紛争にもヨーロッパの経験（欧州石炭・鉄鋼共同体の立上げなどのヨーロッパ統合、ドイツ統一の過程でのヨーロッパ安全保障・協力会議など）は参考になるかもしれない。

四　最近の東アジアの状況

ヨーロッパの統合は進んだが、WTO（世界貿易機関）のドーハ・ラウンドは進展せず、こうした中で中国の台頭にみられるように、アジアは世界経済の成長センターとみられ（成長率三―八％、東アジアのGDPは一九八〇年の一九・七％から二〇〇四年には二四・四％）、生産拠点、市場、投資先として浮上し、アジアでも二国間のFTAないしEPA（経済連携協定）が進行した。しかし、東アジアの統合とヨーロッパ統合には、根本的な違いがある。すなわち、アジアではASEAN、APEC、東アジア・サミットなどの協議機関は存在するが、決議には全体的に拘束力がなく、あくまでも最終的には各国の自主的な決定に任されている。（ASEANは二〇一五年に共同体に移行する予定であるが、その共同体は、ヨーロッパとは異なると思われる。けだし、ヨーロッパは政治的にかなりの一体的性をもち、経済的には先進諸国が多い。さらに文化的にも、自分たちをヨーロッパ人とみなしている。それに対し、ASEANの人々は自分とASEANが一体とは思わないだろう。）しかし、ともかく経済的には、ASEANを中心に協力が進んでおり、目下政府間でも研究がすすめられている。

他方、APECも閣僚会議、首脳会議を積み重ね、アジア・太平洋間の自由貿易を進めようという思想が進展している。また、東アジア・サミットを通じて政治的な協議も進められ、貿易の自由化を中心に東アジアは密接になりつつある。自主的な貿易自由化ということから、アジア・太平洋の貿易自由化（FTAAP）を可能な国から義務化しようと、TPPの動きが出てきている。

繰り返しになるが、ここで、TPPについて私見を述べておきたい。

日本がTPPに参加することに関し、この枠組みが原則将来一〇年以内の関税撤廃を掲げていることから、農業団体の反対をはじめ盛んに議論が行われているが、結論から言えば、日本は国を外部に開き続ける必要がある。TPPでは、各種のルール作りが議論されると予想され、その際自由主義的なルール作りを重視すべきであるし、TPPを機会に国内の改革（農業政策など）を進めるべきである。また、TPPを通じて安全保障面でも米国との間で協力を強めることができる（最近の日米関係について、ネガティヴな報道が多いが、東日本大震災後に米国が示した「友だち作戦」の下での、米軍と自衛隊とのオペレーショナルな協力的、友好的な姿勢は、日米関係に良い効果をもたらした）、というメリットがあるだろう。（二〇一二年春以来、日米間で問題になっているオスプレイの普天間基地配備の問題は、日本の安全保障問題と米国が配備する兵器の安全性について、米国が同盟国日本の意見にどう耳を傾けるか、という問題のように思う。）もちろん、最終目的は、アジア・太平洋の貿易自由化（FTAAP）であるが、その目的に至る手段としてTPPを進める一方、日本は中国、韓国、インドなどと協力してゆくべきである。ASEANプラス3やASEANプラス6も排除するべきではないが、まず交渉が進んでいるTPPから入るべきであろう。（中国はASEANプラス3に強い関心を示している。）なお、日本が二〇一一年秋にTPP交渉参加のための協議を開始することを表明したのは、安全保障という点で、日本は米国との絆を強めてゆくという決意もあるであろう。

五　東アジアの安全保障と展望

アジアでは、欧米とは異なり、冷戦は終了していない。

ミャンマーの民主化には注目する必要があるが、依然として北朝鮮は核開発を進めている模様であり（二〇一一年一二月の金正日の死去は、北朝鮮にどういう変化をもたらすかが関心深い）、中国は共産党一党独裁で、人権問題に進展はない（例えば、劉暁波のノーベル賞授賞やチベット民族に対する中国政府の態度）。中国の海洋進出（東シナ海、南シナ海での領有権争い、中国海軍の不透明な拡張）の動きもみられる。この問題はアジア諸国の懸念を惹起している（二〇一二年七月のＡＳＥＡＮ外相会議では、南シナ海での島の領有権争いの平和的な対話を通じての解決をうたった宣言を採択しようとしたが、中国の意を受けた議長国カンボジアの反対で、ＡＳＥＡＮ成立以来初めて外相宣言の採択に成功しなかった）。

領土問題の存在は、東南アジアだけではない。日本が古くから固有の領土としてきた竹島を、韓国は自国の領土と主張している（二〇一二年八月には韓国大統領は竹島に上陸している。日本はこの問題を国際司法裁判所に提訴しようとしているが、韓国はこの提案を拒否している）。また、日本とロシアの間に北方領土問題（ソ連が第二次世界大戦が終わった時点で北方領土を軍事占領したまま、現在に至っている）があることも周知の事実である。

さらに、アジアは依然として民主主義面で出遅れている。二〇〇八年、インドネシアがイニシアティブをとった、バリ民主主義フォーラムのように東アジアの民主主義を促進してゆくフォーラムができて、ミャンマーは徐々に民主化の入り口に向かっているようであるが、中国の共産主義体制、北朝鮮の独裁体制、そのほかの国々の強権体制、脆弱な民主主義など問題がある。

さまざまな文化、歴史、宗教の相違などを考えると、アジアの統合は遠い将来の課題という気がする。少なくともヨーロッパ統合のようにはいかない。

アジアの政治面を含む統合は短期的には実現しそうもないが、それでもアジア・太平洋諸国の長期的展望に立った経済面での協力を強化すべきであろう。それも一つのアプローチのみでなく、TPP、ASEANプラス3、ASEANプラス6というように重層的なアプローチが必要であろう。いずれにしても、アジアは世界の成長センターとして、投資・貿易面での自由化が重層的に進んでゆくものと思われる。

なお、長期的に東アジアの人口動態がその社会と経済成長に及ぼす影響に思いを致す必要があろう。

〔表〕対象国と貿易自由化の組み合わせ（＋が参加）

	日中韓	ASEAN＋3	ASEAN＋6	TPP	APEC	東アジアサミット
日本	＋	＋	＋	＋	＋	＋
中国	＋	＋	−	−	＋	＋

韓国	+	+	−	−	+	+
カンボジア	−	+	+	−	−	+
インドネシア	−	+	+	−	+	+
ラオス	−	+	+	−	−	+
ミャンマー	−	+	+	−	−	+
マレーシア	−	+	+	+	+	+
フィリッピン	−	+	+	−	+	+
シンガポール	−	+	+	+	+	+
タイ	−	+	+	+	+	+
ヴェトナム	−	+	+	+	+	+
インド	−	−	+	−	−	+
オーストラリア	−	−	+	+	+	+
ニュージーランド	−	−	+	+	+	+
米国	−	−	−	+	+	+
カナダ	−	−	−	+	+	+
メキシコ	−	−	−	+	+	−
台湾	−	−	−	−	+	−
ペルー	−	−	−	+	+	−
チリ	−	−	−	+	+	−
ロシア	−	−	−	−	+	+
その他	−	−	−	−	−	−

Ⅱ　開国以降の日本の東アジア外交の軌跡

一　一八五〇年以降のヨーロッパ情勢

一八五四年に日米和親条約を調印し、開国した日本は、その後、ヨーロッパ各国とも同様の条約を結んだ。こうして日本は、欧米社会の仲間入りをしたが、領事裁判権の承認、関税自主権を得られなかったなど、これらの条約は不平等なものであった。一八六八年の明治維新以後の日本にとって、こうした不平等条約の改正が大きな課題となり、領事裁判権は一八九六年、関税自主権の回復は一九一一年にやっと実現した。

一九―二〇世紀始めのヨーロッパの政治は、ウィーン体制と呼ばれ、ヨーロッパの大国（英国、フランス、ロシア、プロイセン、オーストリア）の協調によって、ほぼ一世紀に渡り平和が続いた時代と言われる。

確かに、ナポレオン後の一九世紀前半は、英国、フランス、プロイセン、オーストリア、ロシア（場合によってはイタリアも）の協調によって、ヨーロッパの平和は保たれた。

しかし、次第に、大国間のヨーロッパでの協調が困難になっていく。その背景としては、当時の大国であるトルコの衰退で、地中海への出口を求めるロシアと、それを阻止せんとする英国、フランスとの対立（クリミア戦争）があった。他方で、一八七〇年にフランスとの戦争に勝利し、統一を成し遂げたドイツ帝国宰相ビスマルクによるフランスとロシアの離反の画策（同盟をさせない。典型的な例が、一八七八年のベルリン会議での調停）が、ビスマルクの辞任を契機にくずれ、それ以降（一八九〇年）英国とドイツが対立（ドイツの戦艦競争等）し、フランスとロシアの協調が見られた。

また、経済発展によりヨーロッパ諸国は海外に市場を求めた。すなわち、アジア、アフリカなどでの帝国主義活動である。中南部アフリカでは、英仏が争い（二〇世紀末のファッショダ事件以降英仏は対立することはなくなった）、北アフリカでは、二〇世紀始めに、モロッコで、フランスとドイツが対立することになった。

アジアでは、インドを英国が、インドネシアをオランダが、インドシナはフランスが植民地化することになった。英国は、中国との貿易を拡大する手段として、アヘンを中国人に売る政策をとり、これがアヘン戦争につながった（一八四〇年）。これを機にヨーロッパ諸国は中国を半植民地化し、さらにロシアは極東に関心を持ち、新たに日本も、朝鮮半島・中国に関心を持つに至った。

このような時代に、バルカン半島では、一九〇八年のオーストリア・ハンガリー帝国によるボスニア・ヘルツェゴビナ併合（ベルリン会議で、オーストリア・ハンガリーはボスニア・ヘルツェゴビナの管理権を得た）以降、セルビアを中心として凡スラブ運動が起こり、これを後押しするロシアとオーストリア・ハンガリーの対立が進み、一九一四年、サラエボでのセルビア青年のオーストリア皇太子夫妻暗殺をきっかけに、第一次世界大戦へと進んだ。

二　第一次世界大戦までの日本の東アジア政策

(1)　日清戦争と下関条約

一八五四年以来、開国した日本は、近代化（欧米化）と富国強兵の下に、欧米に伍して国力を強化し、朝鮮半島への影響力を増していった。当然、以前から朝鮮半島に影響力を持っていた中国（清国）と対立が深まり、ついに一八九四年日清戦争が起こった。そして、日本はこの戦争に勝利し、下関条約が結ばれた。

日本は、下関条約で朝鮮半島への影響力を強めたが、極東、さらにその足がかりとしての朝鮮半島に関心を持つロシアは、フランス、ドイツを誘い三国干渉を行い、日本に遼東半島割譲を撤回させた（日本は台湾、膨湖島の支配権を獲得した）。

(2) 日露戦争とポーツマス条約

さらにロシアは、北清事変以降、中国・満州から撤退せず、朝鮮半島への関心を誇示したために、朝鮮半島を死活的に重要と考えた日本との関係は緊張し、両国はついに一九〇四年戦争状態となった。一九〇五年、対馬海峡で日本海軍がロシアのバルチック艦隊を破り、戦局を有利にすると、米国大統領ルーズベルトの調停により日露間でポーツマス条約が結ばれた。その結果、日本は韓国でフリーハンドを得ることになった（しかし、日本の勝利は、国力からいって、やっとのものであり、またロシアは革命の前で混乱の最中であった）。

それ以前に、日本と英国は一九〇二年、ロシアの極東進出に対して日英同盟を締結し、協力関係を結んだ（日本海海戦で、日本がバルチック艦隊を破ったのは、英国が、バルチック艦隊が南アフリカ・ケープタウンを回ったとの情報を通報したことも日本の助けになった、と言われる）。

日露戦争の勝利によって、満州での日本の優位が強まった（南満州鉄道の建設など）。

(3)　韓国併合

日本はその後、日韓協商など、韓国に対する支配をより強化し、ついに一九一〇年に韓国を併合した。

そして、日本軍部は、韓国を拠点に満州に対する圧力をさらに強め、満州を中国より切り離す工作を開始した。

清朝は孫文らの革命により中華民国となった（一九一二年）が、中国に対して、一九一五年、日本は、二一カ条の要求をし、これをのませた。

(4)　第一次世界大戦

一九一四年、第一次世界大戦が始まると、日本は日英同盟を口実に大戦に参加し、ドイツ領南洋諸島及び中国の山東省租借地を攻撃、占領した。こうして日本は、ドイツの中国における権益を奪った。

三　第一次世界大戦後の世界

(1) ヴェルサイユ体制

五年にわたった第一次世界大戦は、ドイツ・オーストリアの敗北、英国・フランス・米国などの勝利に終わった。その結果、ヴェルサイユ条約が結ばれ、ドイツは莫大な賠償金を課されるとともに、全ての海外領土と植民地を失い、ドイツ東部をポーランドに割譲した。そして、軍事面でも大きな制限を受けた（一万トン以上の軍艦の製造禁止もその一例。一九三〇年代にドイツがポケット・バトル艦グラーフ・シュペー号を作ったのはその制約があったため。グラーフ・シュペー号については拙著『欧州分断の克服』第三章参照）。

ヴェルサイユ条約と同時に、大戦前オーストリア・ハンガリー二重帝国を構成していたハンガリーに関するものとして、ヴェルサイユ宮殿のほとりのトリアノン宮殿で、トリアノン条約が結ばれ、ハンガリーは領土を三分の一に削減され、ルーマニア、チェコスロバキア、ユーゴースラビアが独立した。

これらの背後にあったものは、米国大統領ウィルソンの提唱した一四カ条（民族自決など）であった。

第一次世界大戦後、戦争を防止するために、国際連盟が誕生した。しかし、米国は上院の批准が得られずに参加しなかった。これは、一九世紀前半に米国モンロー大統領が発したモンロー主義――アメリカ大陸はヨーロッパ大陸に干渉させない、アメリカ大陸のことはアメリカに任せろというもの。その代り、米国はヨーロッパのことにあまり口出ししない――による。一九一七年に革命が起こったソ連は国連加盟は許されず、当初ドイツも参加を許されなかった。このように国際連盟には、当時の大国の一部は参加していなかった。ドイツは後に参加を許されたものの、ヒットラーが政権を握ると国際連盟を脱退、イタリアはエチオピア侵攻により連盟を脱退、日本は満州事変を契機に連盟を脱退した。

大戦後、ヨーロッパは経済困難に陥ったものの、それが回復すると、つかの間の平和の時代に入った。その象徴としてドイツのシュトレーゼマン外相、フランスのブリアン外相の下でロカルノ条約（一九二五年）が締結され、ついで一九二八年にパリ不戦条約（一九二八年）が成立し、戦争抑止の雰囲気になった。しかし、二つの条約には限界があり（例えば、戦争に至らない紛争、事変は条約違反とならなかった)。その後、世界恐慌(一九二九年)が世界を襲い、各国は自国本位の為替の切下げ競争、関税の引上げ、保護貿易に走った。

(2) ファシズムの時代へ

イタリアでムッソリーニがファシスト党政権を樹立した(一九二二年)のに引き続き、ドイツでは、一九三三年一月にヒットラーが政権に就き、ヴェルサイユ条約に真っ向から挑戦して、第一次世界大戦後の秩序を覆し、「ドイツ民族の生存圏」を主張して戦争への準備を進めた。英国はドイツの市場としての重要性に着目して、「融和策」を追求したが、ドイツは手始めにオーストリアへの進駐(一九三八年三月)を行い、さらに、ヒットラーは一九三八年九月、ムッソリーニの仲介を得て英国、フランスとミュンヒェン協定を結び、一九三九年にはチェコスロバキアを保護国化した(チェコスロバキア領ズデーテン地方のドイツへの併合とチェコスロバキアの保護国化は、拙著『欧州の分断の克服』第一章参照)。英国首相チェンバレンは、ミュンヒェン協定を締結し、帰国した時、空港で「ヨーロッパの平和は保たれた」と声明した。これは、チェンバレンがヒットラーを理解していなかったことを示している。

他方、イタリアは一九三五年、エチオピアを侵略、占領するに至った。これに対して国際連盟は、有効に対処し得なかった。理事国である英国も、制裁の対象からイタリアへの石油の禁輸を外した。

そして、一九三九年九月、ドイツがポーランドに侵入、これに対して英国、フランスがドイツに宣戦し、第二次世界大戦に突入した。これに先立って一九三九年八月、ドイツはロシアとポーランドについて、お互いの勢力圏を合意する秘密協定を結んでいた。

四　第二次世界大戦までの日本

ヴェルサイユ条約はまず「民族独立」というスローガンを打ち出したが、それは韓国人、中国人の日本に対する民族感情を刺激し、韓国では三・一運動を、中国では反日五・四運動を惹起した。

中国に対する「二一ヵ条の要求」は、中国における機会均等を主張する米国の対日観に悪影響を及ぼし、第一次世界大戦後、米国は日本に対する要求を強め、いわゆるワシントン体制が成立した。すなわち、日・米・英・仏・伊の主力艦の制限、米・英・日・仏・蘭などの九ヵ国条約（中国に関する機会均等、門戸開放、中国の主権尊重）、日・米・英・仏の四ヵ国条約（太平洋の現状維持、これとともに日英同盟は廃棄された）である。これには、米国の策動があったとされる。

しかし、中国東北部、朝鮮に足場を得た日本の軍部は、満州における日本の特殊権益を主張し、傀儡政権の樹立を画策していった。これに対して幣原外相は協調外交を展開し、満州は中国の一部と主張した。

ところで、日本にとって満州とはどういう意味を持っていたのだろうか？　それは、①国防上の大きな防衛線――ロシア（ソ連）の南下を食い止める、②資源供給源――鉄と石炭、③人口流出先としての意味、といえよう。

結局、国際協調の時代は長く続かず、世界恐慌により、各国で苦しい国民生活と排外的ナショナリズムが広まっていった。

(1)　満州事変と国際連盟脱退

既述のように、日本の軍部（関東軍）は、満州を中国から切り離す画策をし、一九三一年九月一八日柳条湖で南満州鉄道を爆破、これを中国軍の仕業とし、全満州を軍事的に制圧した（満州事変）。中国は、国際連盟に日本の侵略行為として訴え、国際連盟は一九三二年、リットン調査団の派遣を決定した。しかし、日本は満州国を建設（一九三二年三月一日）、承認し（同年九月）、満州国皇帝には清朝最後の皇帝溥儀を即位させた。そして、国際連盟を脱退した（一九三三年三月）。ただし、蒋介石政権は中国共産党撲滅のため、こうした日本の動きに十分対処しなかった。

日本国内では、一九三三年五月一五日犬飼首相等が暗殺され（五・一五事件）、政党政治は終焉に向かう。

中国では、上海で日本製品不買運動が展開され、上海の日本人が強硬策を唱えたため、日本軍は上海へ出動（上海事変）、中国軍を制圧した。ここに至って日本と英米との関係は悪化していった。

このように日本は、国際連盟脱退と対中国政策で国際的に孤立する一方で、国内では、青年将校らによる高橋蔵相らの殺害（二・二六事件）に見られるように、軍部への不満が高まっていった。

(2) 中国との戦争

日本では、陸軍（仮想敵国の筆頭にソ連）と海軍（米国に備える―南方戦略）に、戦略上の齟齬があった。他方、中国では、西安事件（一九三六年、中国東北部の軍閥張作霖の息子、張学良が、西安で蔣介石を拘束し、中国共産党と協力して日本と戦う約束をさせた事件）以降、抗日民族統一戦線が結成され（国共合作）、日本に対して統一して戦う体制が整った。

国共合作が成立した後、北京郊外の盧溝橋事件（一九三七年七月）を端緒に、日本は中国全人民を敵に戦争を始めた。当初、日本政府は、不拡大方針を打ち出したものの、出先（軍）を静止できなかった。日本軍は、上海を制圧した後、南京を占領、この時の日本軍の残虐行為は、世界の非難を浴びた。こうして、「北進事変」から「支那事変」へ、さらに日中全面戦争に拡大していった。

他方、一九三九年九月、ドイツのポーランド攻撃を契機に第二次世界大戦が始まった。対ソ牽制を狙っていた日本政府は、八月の独ソ不可侵条約締結で、「欧州情勢は不可解」として内閣総辞職する始末であった。

日本は、ドイツとの協力関係を強化し（一九三六年の日独伊防共協定に続いて、一九四〇年九月に日独伊三国同盟調印）、松岡外相などは、これにより米国を牽制し中国の戦意を弱める、と考えた。

(3) 南方への進出

また、日本は、いわゆる援蒋ルートを絶つという名目で、南方（仏印、蘭印）に進出し、「大東亜共栄圏建設」「東亜新秩序の建設」を提唱した。これにより日本はワシントン体制から離脱していった。

松岡外相は、北方の安定と米国牽制を目的に、日ソ中立条約を締結した（一九四一年四月。三国同盟と矛盾）。一方、ヨーロッパではドイツが、フランス、ベルギー、オランダを占領した後、ロンドン大空襲作戦に失敗（映画「バトル　オブ・イングランド」で有名）、東に向かい、独ソ戦の開始に着手（一九四一年六月）、このことは結果的に米国とソ連の協力を強めた。

日本は南方進出によって、米英（さらにはオランダ、フランス）との緊張を深めていった。ソ連は、ゾルゲなどのスパイの活躍で、日本の南方進出の情報を得ていた。

(4)　米国との戦争

米国は、日本の南方進出に伴い、くず鉄・石油の対日輸出を禁止し、日米通商航海条約の廃棄を通告してきた（一九三九年七月）。

さらに、日米通商条約は一九四〇年一月に失効した。

一九四一年四月、日米交渉は開始されたが、日本は夏の御前会議で、これがまとまらない時は対米戦争を決意していた。

同年一一月、米国国務長官コーデル・ハルは「日本の中国、仏印からの無条件撤退、満州国の否認、中国に於ける諸権益の放棄、三国同盟の実質的廃棄など」満州事変以前に戻ることを要求（いわゆるハル・ノート）したが、日本はこれを呑めず遂に日米交渉は決裂した。

そして、一二月八日、ついに、日米開戦（真珠湾攻撃）に至った。その際不幸にも日本側の対米宣戦布告が遅れ、日本は卑怯者であるとの宣伝を米国民に許してしまったのが、米国が日本との全面戦争に突き進む原因になった、と言われる。

戦況は、当初は日本側の戦果が伝えられたが、一九四二年六月のミッドウェイ海戦をきっかけに徐々に日本側に不利となり（ドイツはすでに一九四五年五月に降伏）、一九四五年六月沖縄を占拠され、七月、日本に対して、ポッダム宣言が発せられた。当初日本はこれを「黙殺」したが、八月六日、九日に広島、長崎に原爆投下され、さらに八月九日、ソ連は中立条約を無視し、対日宣戦を布告した。ここに至って日本は一四日の御前会議でポツダム宣言を受託することに決し、一五日、昭和天皇は玉音放送で国民に敗戦を伝えた。

なお、終戦（一九四五年八月一五日）後に、ソ連は、択捉、国後、歯舞、色丹の日本の四つの北方領土を占領した。

日本外交の反省点として、次の諸点があげられると考えられる。

二元外交（軍と政府。明治憲法下では軍の配置、軍の予算などは軍の専管事項であって、政府は関与できない、と主張した）

軍の中央と出先の不一致（中央が出先を抑えられない）

海軍と陸軍の戦略の齟齬（陸・海軍あって日本なしの状況）

情報の不足（日米開戦に当たって、日米の経済力を十分に比較しなかった。生産力で日本は米国の一〇分の一）

独善的アジア観（大東亜共栄圏の主張など）

日露戦争以降の慢心

合理的な判断（米国と日本との国力の差の客観的評価）をせず、最後まで精神主義で国民を鼓舞

国民が十分に国政に参加できなかったこと（大政翼賛会・翼賛選挙で政党政治が機能せず）

国際連盟脱退以降、国際情勢についての情報不足（ドイツの破竹の勢いに幻惑されて、ドイツとの同盟〔日独伊防共協定、日独伊三国同盟〕に走る一方で、ソ連との中立条約締結。戦争末期、ソ連に終戦の斡旋を期待）

五　第二次世界大戦後の国際情勢

(1)　ヨーロッパの情勢

戦後、ヨーロッパの中部・東部にはソ連が次々と共産党政府を樹立させ、実質的に軍事占領した。分割されたドイツの東部も共産化され、世界が東西に分裂に向かう中で、西ヨーロッパは、まず米国、カナダと同盟関係（安全保障と協力。一九四九年成立のNATO〔北大西洋条約機構〕）に入り、西ドイツ・フランスを軸に統合に向かう。さらに西ドイツ

は東方政策を推進し、東西分裂から来るドイツ国民の苦悩を和らげようとした。

本項では、EUの動向　米ソ関係に触れる。（なお英国チャーチル首相と米国ルーズベルト大統領は一九四一年の時点ですでに、大西洋上で会談し、戦後の国際協力について話し合っていた〔大西洋憲章〕。）

① 冷戦の開始

第二次世界大戦末期から、戦後の処理を巡って米・英とソ連は対立していった。ソ連はチェコスロバキアに次いで、ハンガリー、ポーランド、東ドイツなど東・中欧占領地で共産主義政権を樹立していった（中欧の消滅）。

敗戦国ドイツは、英・米・仏・ソにより分割占領、さらに首都ベルリンは、四カ国で共同管理することになった。中・東欧はソ連圏へ編入され、一九四七年、コミンフォルムを結成していった。これを英国のチャーチル首相は、「シュテッティンからトリエストまで鉄のカーテンが下ろされた」と評した（一九四六年三月、アメリカのミズーリ州フルトンで）。

こうした中で、一九四七年、米国国務長官マーシャルは、ヨーロッパ経済を再建するために、マーシャル・プランを発表し、さらにソ連の意図を認識した米国は、その年、ソ連

「封じ込め」政策を提唱した。

西ドイツは戦後、極度のインフレを克服するため通貨改革を実施し、ドイツ・マルクを導入した。これに反発したソ連はベルリン（ベルリンは東にあり、孤島となっていた）を封鎖、これに対して西側連合国は西ベルリンに対する空輸作戦で応じた。この危機（一九四八年―一九四九年）を経由して、一九四九年、まず西ドイツが、続いて東ドイツが成立し、ついに、ドイツが東西に分裂した。ベルリンは当初東西間の交通は自由であった。しかし、五三年の東ベルリン市民の暴動を経て、多数の労働力の西側流出で経済的に行き詰まった東ドイツは、一九六一年八月一三日、ベルリンに東西間の壁を構築し、ここに至って、ヨーロッパは完全に東西に分裂した。

西側は、一九四九年、NATO（北大西洋条約機構）を結成した。一九五五年、西ドイツは、主権を回復すると同時にNATOに加盟した。他方、東側は、一九四九年、WTO（ワルシャワ条約機構）を発足させ、一九五五年に東ドイツをその中に組み込んだ。東西間の緊張は、五六年のハンガリー動乱を経て、キューバ危機まで続くことになる。

ちなみに、ドイツは一九八九年一一月「ベルリンの壁崩壊」を経て、一九九〇年一〇月に統一され、WTOは、一九九一年解体された。チェコ、スロバキア（九三年スロバキアがチェコと分離・独立)、ポーランド、ハンガリーは一九九七年NATOのメンバーになり、さらに二〇〇四年にはこれら四カ国はEUにも加盟した。一九九一年一二月、ソ連は消滅して、ロシアが後継国家となった。

② ドイツの東方政策

一九四九年に成立した西ドイツのアデナウアー政権は、フランスとの和解を経て、ドイツ統一を掲げ、まず東ドイツと交渉しようとした。しかし、ドイツの統一を拒む東ドイツの頑なな姿勢により成果は出なかった。その背後には、共産化した東ドイツを手放さないソ連が存在した。ソ連はドイツ全体の中立化を狙っていた。

スターリンの死去(一九五三年)、キューバ危機(一九六二年)を挟んで、米ソ間の緊張緩和が進む中で、西ドイツでは、キリスト教民主・社会同盟とドイツ社会民主党との大連立政権を経て、一九六九年ブラント政権(SPD〔社会民主党〕、FDP〔自由民主党〕の連立)が成立、東方政策を展開することになった。それは、まずソ連と交渉し、関係を正常化し、次に東欧諸国と関係正常化(武力行使放棄条約)を果たし(まずポーランドとの和解を達成)、さらに東西関係の改善にとって棘であったベルリン問題を改善したうえで、東ドイツとの関係正常化を計った（基本条約は一九七三年成立）。そこでは両ドイツ国家の関係は、通常の二国間関係とは異なる特殊なもので、両国間には大使の交換ではなく常駐代表の交換ということになり、両国首都には常駐代表部が設置された（一九七四年）。

西ドイツの東方政策が東西間の協力の地ならしをした後に、一九七五年、ＣＳＣＥ（欧州安全保障協力会議）の首脳会議がヘルシンキで開催され、東西間の信頼醸成、経済協力、人権分野での改善が謳われた。その際、西側、特にドイツは「国境の平和的変更の可能性」を残すことに成功した。（しかし、ソ連の狙いは、ヨーロッパの現国境の承認など第二次世界大戦で生じたヨーロッパの現状承認であって、他方、西側の狙いは、現状固定化に風穴を開け、東西分裂で生じた人間の苦悩を軽減することであった。）

ＣＳＣＥの骨子は、第一バスケット―安全保障（武力行使の放棄、国境の不可侵、大規模・一定規模以上の演習の事前通報などの信頼醸成処置）、第二バスケット―経済協力、第三バスケット―家族の合流、情報へのより容易なアクセス、人権保障など人的交流、の三つのバスケットからなる。

その後、一九七〇年代になってソ連が自国、中・東欧にＳＳ20（中距離ミサイル。飛距離が四〇〇〇キロ足らずの、ソ連から西ヨーロッパまで届くミサイルで、これを使えばソ連は、米国を巻き込まずに西ヨーロッパのみを標的にできる。いわば米・欧切り離しの武器）を配備、さらに一九七九年、カラマル政権を支持してアフガニスタンに軍事進攻して、東西関係は悪化した。

一九八〇年、ポーランドでは自由連帯労組設立を機に、八一年一二月に戒厳令が布告されるなど東西関係は一時後戻りした感があった。しかし、ソ連に一九八五年、ゴルバチョフ書記長が登場し、新思考外交により、ブレジネフ・ドクトリン（チェコ事件以来、一般に社会主義下の中・東欧諸国には主権が制限されるとソ連は主張）が否定されると、東欧諸国は自由に自国の方針を決定できるようになった。特に東ドイツでは、ホーネッカー書記長の立場が弱まり（「遅れてくるものは罰せられる」）、東ドイツ国民の共産党政権への反対が強くなった。また、ハンガリー（オーストリアへの国境を開放）、チェコスロバキア（西ドイツへの東ドイツ人の越境を認めた）の処置により「東西の壁」の実質的意味は薄らぎ、ついに、一九八九年一一月九日、ベルリンの壁は「崩壊」した。そして、九〇年一〇月三日、ドイツは東ドイツが西ドイツに加わることで統一された。その後、東ドイツ部分もNATOに加わった。（SS20の配備は、一九七九年にNATOが、いわゆる二重決定により、西ヨーロッパにもこれに対抗して米国の中距離ミサイルパーシング2、クルーズ・ミサイルを配備することを決定。結局米ソは中距離ミサイルを双方とも撤去することを合意し、さらにソ連は八九年になってアフガニスタンから撤兵した。拙著『欧州分断の克服』参照）

③　ヨーロッパ統合の動き

ヨーロッパ統合には、独仏間の長年の対立、二度にわたる世界大戦を克服し、平和を確立する必要という政治的および経済的要請と、議会制民主主義・基本的人権の確立および文化・伝統・思想・宗教といったヨーロッパ的共通性に立脚する要請がある。

一九四〇年代末、フランスの外務大臣ロベール・シューマンは、ドイツに対し、石炭・鉄鋼のヨーロッパ共同管理（ドイツ・ルール地方やフランス、ベルギー、アルザス・ロレーヌ地方の石炭と鉄鋼の共同管理）を提唱、これにイタリアとベネルックス三国が参加し、欧州石炭鉄鋼共同体（ＥＣＳＣ）が、一九五二年に発足した。（シューマンはこの時点ではフランス人であったが、その生誕地はドイツ領であった。この構想は戦勝国フランスから提案されたのが興味深い。）

さらに、一九五八年にローマ条約としてヨーロッパ経済共同体（ＥＥＣ）、ヨーロッパ原子力共同体（ユーラトム―原子力の平和利用を目的）が発足した。これらは、経済の統合であり、米国、台頭する日本に対抗する強い経済共同体を築き、発言力を確保したいという西欧の思惑もあったが、背景に将来的に政治統合に向かうという政治的配慮があった。

この三つの共同体が一九六八年、執行機関を統合し、対外共通関税同盟を結成して、EC（ヨーロッパ共同体）が発足した。

英国はその後、北欧諸国などと協力して、より緩やかな自由貿易連合（EFTA）を結成するが、一九七三年にECに加盟した。次いで、ECには、八一年にギリシャ、八六年にスペイン、ソ連圏崩壊後は、フィンランド、スウェーデン、オーストリアといった中立政策をとっていた国々が加盟、九三年にはECは名前をEU（ヨーロッパ連合）とした（九三年のマーストリヒト条約以来）。

EUには、二〇〇四年にハンガリー等中欧諸国が、二〇〇七年にはブルガリア、ルーマニアが参加し、二七カ国体制に拡大した。

その後、EUには拡大と深化をめぐる問題も生ずることになる。そこには、緩やかな統合を目指す英国、より強い統合を目指すドイツ・フランス、国家の主権を主張するフランスと主権をも統合するという考えのドイツなどの違いがある。

ECがEUとなったことにより、新たに外交安全保障政策、司法内務協力、既存のEC

（経済統合）が政策の三本柱となる。すなわち、政治統合を睨んで、ヨーロッパ統合は新たな局面に入った。

経済的には、一九九八年、共通通貨ユーロを導入（現在一七カ国が導入）、ユーロは二〇〇二年、市場に導入された。

また、現在、シェンゲン条約加盟国（英国、アイルランドを除く）で、出入国管理が一元化され、域外からの出入国は簡素化された。

統合の今後の課題としては、以下の問題が出てきた。

・通貨同盟がユーロに対する不信という問題を起こして以降、統合をさらに進めることが出来るのか？

・ヨーロッパは一つの声で国際社会で発言できるか？（共通外交安全保障）

・市民に近いEU（ブラッセルでのEUの動き）を一般欧州人が理解できるか。

・トルコやウクライナの加盟問題等のEUの拡大と、それがEUの性格を変えていくのかどうか。

共通通貨ユーロが、二〇一〇年五月のギリシャの財政危機以来世界的に信任を失っている。この問題は、世界経済全体に波及する性質を含んでおり、EU全体の将来が問われている。ＥＵはユーロ危機に対して、さまざまな救済処置を（ユーロ諸国による救済処置。その中には、ＥＳＭのような金融安定化メカニズムの創設、欧州中央銀行による各国の国債の無制限な購入、ＥＵ二五カ国による財政規律条約）とっているが、そこにはユーロ体制は金融面だけ統合し、財政面ではいまだ各国に主権が残されている、という問題がある。

ＥＵは、ユーロ圏と他のＥＵ諸国の亀裂を回避できるか、そして今回のユーロ危機を招いたＥＵの欠陥（例えば、財政政策は依然として加盟国に残っていること）を反省し、さらにＥＵの統合をいかにして進めていくかを検討する必要があろう。

なお、二〇〇九年一二月以来、ＥＵは三年間の任期でＥＵ理事会議長（ＥＵ大統領ともいわれる）を選出し、ＥＵの共通外交・安全保障代表を選出している。

参考――ＥＵの歴史と概略

ここでＥＵの歴史と概略を記しておこう。

〈歴　史〉

戦争を繰り返してきたヨーロッパは、その文化の一体性を認識しつつ、悲惨な第一次世界大戦後、漸く戦争を克服し、平和を創造し、ヨーロッパを統合する声が強くなった。明治時代、日本に駐在したオーストリア外交官クーデンホーフカレルギー伯爵とその夫人青山光子の子息が唱えたパン・ヨーロッパ運動もその一つである。しかし、第一次世界大戦後も、フランスはその平和条約でドイツに徹底した抑圧の心を示し、ドイツはヴェルサイユ条約の破棄を明確にした。また、ドイツ、イタリアでファシズムが勃興し、経済面では世界恐慌を招き、遂に第二次世界大戦に突入した。

第二次世界大戦を阻止できなかったことの反省から、大戦後本格的なヨーロッパの協力が模索された。その第一歩が、英国の元首相チャーチルのチューリッヒでの演説であった。これまでヨーロッパを巻き込む戦争の元凶であったドイツとフランスの和解と、戦後生まれたヨーロッパの民主主義、それに人権の尊重を強調した演説の最後に、具体的にヨーロッパ統合が必要である、と謳った。その具体的な一歩はフランスの外相ロベール・シューマンの宣言（一九五二年五月九日）であった。すなわち独仏が和解し、これまでの戦争の原因であった石炭と鉄鋼を国際管理する、というアイディアである。このアイディアにまず西ドイツが賛成し、さらにイタリア・ベネルックス三国が加わり、欧州石炭鉄鉱共同体が誕生した。さらに五〇年代後半には欧州経済共同体、欧州原子力共同体が発足し、六〇年代後半には欧州共同体は域外共通関税を含む関税同盟に発展し、三つの共同体事務局は一体化し、ここに欧州共同体（EC）となった。この間フランスのド・ゴール大統領の介入で「欧州合衆国」という考えは後退し、「祖国からなる欧州」という考えに変化せざるを得なかった。さらに英国の加盟（一九七三年）により「より緩やかな欧州統合」という考え方が入ってきて、欧州統合も複雑になった。

七〇年代になって、小さな歩みかも知れないが、通貨面でヨーロッパはさらに歩みを進めた。すなわち、ドイツのシュミット首相、フランスのジスカール・デスタン大統領のイニチアティブでヨーロッパの通貨システムが成立した。外交面でも、「欧州政治協力」が立ち上がった。そして、八〇年代後半には、ヒト・モノ・資本の域内自由移動を内容とする欧州単一議定書も出来上がった。こうして一九九三年にはマーストリヒト条約によりECはEU（欧州連合）に発展し、これまでの経済・内務協力に加え、外交・安全保障協力も進めることになった。ヨーロッパ統合は、さらに通貨面での協力を進めた。二〇〇二年にはユーロという共通通貨が、一部の加盟国市場に流通しだした。

他方で、このような統合を進める動きは困難を抱えることになった。冷戦が崩壊した後、二一世紀になって中・東欧諸国がEUに加盟し、EUは二七カ国に拡大し、いよいよ決定のメカニズムは複雑になったし、欧州憲法採択は一部の加盟国で否定された。また、二〇一〇年春以来ユーロ圏のギリシャの財務状態の悪化が明らかになり、これがスペイン等の南欧諸国に広がる様相を呈し、さらに世界経済にも波及する状態となった。ギリシャの債務危機に端を発する欧州債務危機は、二〇一〇年五月以来のユーロ圏を中心とする救済処置（加盟国・EU・IMFの協力、欧州安定化メカニズム、欧州中央銀行による国債の買い支え）などにより、二〇一二年末、ようやく一息ついた状態である。欠陥は、通貨同盟が通貨面での一部の国の統合・協力に限られており、経済を支えるもう一方の財政面での統合が欠けている点であろう。一方マーストリヒト条約以降発足した共通外交・安全保障政策は、二〇〇九年一二月に欧州大統領（実際にはEU理事会議長）とともに、共通外交・安全保障上級代表が発足したが、EUの対外政策、特に軍事面での協力は遅々として進んでいないのが現状である。今後のヨーロッパ統合は、今回のユーロ危機の反省の下にユーロ圏と非ユーロ圏の歩調を合わせることが出来るのか、ユーロ圏での銀行監督の共通化など一層の統合を進めてゆけるのか、そして、欧州統合の最終目的、欧州政治統合への道筋を描けるかどうか、が鍵といえる。

〈EUの概略――基本的な理解のために〉

次に、欧州統合についての基本的理解のために次のことを念頭に置いてほしい。

欧州統合の理念
　戦争のない平和な欧州の創設
　人権の保障される欧州
　議会制民主主義の擁護
　文化的に欧州の一体性の促進
　グローバルな世界で政治経済的に一つの声で発言
　市民のための欧州
EUの特異性
　超国家性の萌芽「国家から独立したEU機関が造る法律などがEU加盟国・企業・市民に直接適用される。国家連合でもなく、連邦国家でもない統合欧州」
EUの機関
　欧州議会
　今日では、各国に割り当てられた数の議員を市民が直接選挙する。そして議員は、各国を横断して議員団を結成する。時とともに欧州議会の権限は強くなっているが、欧州理事会、閣僚理事会、欧州委員会と比べて十分強力とは言えない。

欧州理事会

加盟国の国家及び政府の首脳で構成され、欧州首脳会議とも呼ばれる。今日では、EUの将来、路線、基本的な問題を決定する。これまでの欧州委員会、閣僚理事会の役割を凌駕する存在となっている。

閣僚理事会

EUの予算、立法、対外関係を決定する。ただし、欧州理事会の決定を尊重せざるを得ない。

欧州委員会

当初は、欧州統合の牽引車であったが、最近は欧州理事会が力を伸ばしてきている中で、その権限は縮小されている。しかし、欧州委員会は、欧州の立法、予算案についてイニチアティブをとる権限があり、共通外交・安全保障政策においても、共通外交・安全保障高級代表は欧州委員会副委員長であり、外交上EUを代表する場合が多くなった。

通貨同盟とユーロ危機とは

一九九八年にユーロは誕生し、二〇〇二年には市場に流通するようになった。当初ユーロはユーロ圏の経済発展、市民の便宜という点で積極的な成果を出した。ユーロ加盟国は、現在一七カ国に上っているが、二〇一〇年になってギリシャを始めとする加盟国の一部、特に南欧の加盟国の財政赤字が大きくなって、それらの国の国債価格が大幅に低下した。これに対して、EU・IMF・欧州中央銀行などが支援を行って、目下（二〇一三年初頭）ユーロ圏を震源とする欧州金融危機は一息ついているところである。（ユーロ危機克服のEUの努力については、Ⅲ　ユーロ危機とEUの現状、を参照）

ユーロ安定化に重要な役割を負っているのが、欧州中央銀行である。欧州中央銀行の重要な役目は、欧州の物価の安定である。欧州中央銀行の政策を決定する理事会で、ユーロ圏の金融政策を決定する。

通貨同盟は、EU加盟国の共通財政政策を伴わないものであった。最近のユーロ危機の克服のためには、将来欧州諸国が財政政策の共通化を受け入れ、最終的には欧州政治同盟に至ることが必要であることを示しているかもしれない。

欧州共通外交及び共通安全保障・防衛政策

マーストリヒト条約（一九九三年発効）以来従来の、司法・内務協力、経済面における協力に加えて、EUの第三の柱である共通外交・安全保障政策、その中で共通安全保障・防衛政策にEU条約上の基礎が与えられた。リスボン条約の発効と同時に、二〇〇九年一二月一日共通外交・安全保障上級代表が任命されたのはEUが外交面で統合を一歩前に進めようとする意思表示であろう。とはいえ、外交・安全保障、特に防衛面で加盟国の権限は今なお大きく、統合を強化するにはまだまだ道のりは遠い。

④　米ソ関係

第二次世界大戦後の米ソ関係の主な動きを記述してみると、およそ次のようになろう。

一九四五年　米国が原爆の製造、投下に成功
一九四九年　ソ連が核実験に成功、米国の核独占を打ち破る
一九五二年　米ソが水爆を完成、核の時代へ
一九五三年、スターリン死去、フルシチョフの時代へ
一九五六年　ハンガリー動乱
一九五七年　ソ連が大陸間弾道弾を完成。世界初の人工衛星スプートニク打上げに成功
（ミサイル・ギャップの雰囲気〔米ソ間でもっとも戦争が起こりやすい雰囲気〕が一九五八

年秋の米国の人工衛星の打上げ成功まで続く

これ以降、米ソ間で核開発競争（この戦略は確証破壊戦略—MAD戦略といわれる）

この間、米ソなどの大国間では戦争は起こりにくい状態ではあった（米ソの平和共存）。

五〇年代末英国が、六〇年代に至ってフランスも核兵器保有国に加わる。

一九六二年　キューバ危機、米ソ間の平和共存へ

一九六三年　米ソ間で地下核実験禁止条約合意

一九六四年　中国が核実験を実施、核兵器保有国に

一九六八年　チェコ事件（ソ連・ワルシャワ条約機構軍が、チェコに侵入。「プラハの春」を鎮圧）

一九七二年　第一次戦略兵器制限条約（SALTI—戦略兵器の運搬手段ICBM、SLBMの上限）合意（七九年に第二次。しかし、この米ソ合意は米国上院の同意を得られず、米ソ間で批准されなかった。そこには「軍備管理」〔軍縮ではない〕の考え方があった）

一九七五年　ヘルシンキで、ヨーロッパ安全保障協力会議開催

一九七九年　中距離ミサイル問題（ソ連がSS20を配備。米国は中距離ミサイル、パーシング2、クルーズ・ミサイルを西ヨーロッパに配備することにより対抗し、ソ連と交渉するこ

となった〔いわゆるNATOの二重決定〕。さらにソ連軍はアフガニスタンに侵攻。これに対し、八〇年モスクワ・オリンピックを西側がボイコット。東西対立は逆戻りした感があった。）

一九八〇年代　米国レーガン大統領の戦略防衛構想（SDI）

（ソ連、経済的にこれに対抗できず、というのが通説）

一九八五年　ゴルバチョフ書記長の公開性・新思考外交開始

一九八九年　東ドイツ体制の崩壊、一一月九日ベルリンの壁「崩壊」、東西冷戦の終了

一九九一年　ソ連の崩壊。ウクライナ、バルト三国、カザフスタンなど中央アジアに独立国家が誕生

(2)　アジアの情勢

①　朝鮮半島情勢——朝鮮戦争と冷戦

一九四五年八月、三八度線を境に、米ソが朝鮮半島を南北に分割占領することになった。すなわち、ソ連は、日本の関東軍を駆逐し北朝鮮に駐留、他方、米軍は、三八度線以南に駐留した。

そして、四八年、南に大韓民国（李承晩大統領）、ついで北に朝鮮民主主義人民共和国（金日成首相）が成立した。ソ連軍は北朝鮮から撤退し、これに呼応して四九年、米軍が韓国から撤退した。

しかし、五〇年六月、北朝鮮軍が、ソ連スターリンの同意の下に三八度線を突破して、釜山に迫った。

七月、国際連合安全保障理事会は朝鮮問題を北朝鮮による侵略とし、これに対して国連軍の派遣を決議した。ソ連が安保理を欠席したのでこの決議は成立した（ソ連の欠席で安全保障理事会に反対がなかった。ソ連の欠席理由は、安保理には中華民国ではなく中華人民共和国がつくべき、というものであった）。

九月、米国軍を中心とする国連軍は、仁川に上陸、以降、国連軍は韓国を奪回し、さらに北朝鮮を占領し、中国の国境に迫った。そこで一〇月、中国軍が、中朝の国境を超え朝鮮戦争に参戦した。国連総会は、中国を侵略者とする非難決議を採択した。五一年、北緯三八度線付近での攻防戦となり、戦線は膠着した。

五三年三月、ソ連でスターリンが死去すると、七月、休戦会談が妥結し休戦協定が締結され、三八度線が休戦ラインとなった。この中心が今日の板門店である。この時、陸上には三八度線で休戦ラインが引かれたが、海上については南北朝鮮間で食い違いがある。

スターリンは最後まで、休戦に同意しなかった。その理由は、朝鮮に米国を釘づけにし、国際的評判を落とすことであったという。この戦略は、現実に朝鮮に軍を送っていた中国の不信を買うことになった。これも中・ソ対立の一つの原因といわれる。

朝鮮戦争を機に、アジアでの冷戦が明確になったことで、米国の対日政策も変化し、米国は日本を反共戦略の重要な砦とし、日本の繁栄を後押しすることになった。

米国は、中国については、台湾に逃れて中国の代表権を主張する中華民国を支援することとし、台湾防衛に踏み切る。そして、台湾海峡に第七艦隊を派遣した。

②　中国問題

中国大陸では、日本の敗戦以降再び共産軍と国民党軍の争いが激しくなった。ついに一九四九年、大陸では中国共産党の中華人民共和国が成立し、国民党は台湾に逃れて、同年、台湾で中華民国政府を樹立した。

六〇年代半ば、中国は、文化大革命の時代であった。これは、中国の権力闘争、路線闘争と言われる。毛沢東は「大躍進政策」を指令したが、これは経済的な成長よりも革命の進行を重視した。経済的な成長・安定を重視した勢力は実権派と言われ、毛沢東は、若い紅衛兵を利用し、実権派を地方に追いやった。この文化革命の時代、中国の経済は沈滞した。

中ソ間は、フルシチョフ時代の短期間は中ソ蜜月だったが、やがて対立に至る。六九年には、中ソ国境のウスリ河珍宝島を巡って、武力衝突するまでに至った。七〇年代初頭には、ソ連は中国に対して、核攻撃も検討したが、米国の忠告で取りやめた、とされる。

国際社会では、人口が多く広大な中国を国際社会、なかんずく国際連合の外に置くことの不自然さに反対する力が強くなり、ついに一九七一年に至って、アルバニアのイニシアティブで中華人民共和国が国連代表権を獲得し、安保理の議席を得ることになった。

一九七一年七月、米国大統領ニクソンは、キッシンジャー補佐官の訪中を発表し、日本始め世界を驚かせた。ニクソン・ショックといわれる。その後一九七二年二月、ニクソン大統領が訪中して、米中は和解した。

こうした中国の国連代表権獲得、米国との和解の流れの中で、一九七二年九月、田中首相が訪中し、日本と中華人民共和国は国交を回復した（日中国交回復については、**八**を参照）。

一九七八年一二月、中国共産党は、鄧小平の唱える「改革・開放」を採択し、中国は、現代化へ進むことになった（政治的には共産体制、経済的には市場経済）。対外的にも、米中が国交を回復したことで、中国は国際社会に復帰した。同年、日中は平和友好条約を締結した（この条約の交渉中、中国は条約の中に反覇権条項を入れるよう要求、日本側は、中国がソ連の太平洋に於ける覇権に反対していると理解し、交渉は難航した）。

この間、ヴェトナムのカンボジア侵攻に対して、中国は「制裁戦争」と称してヴェトナムとの戦争を開始した。

八九年、中ソが和解し、国交正常化すると中国の国際社会との関係も順調に進むかに見えたが、同年六月四日、中国では学生による民主化を求めるデモが天安門広場で発生し、中国政府はこれを武力で鎮圧した。いわゆる天安門事件である。各国はこれに反発し、国際的制裁が加えられたが、それも九〇年代初めに解除され、中国は国際的に影響力を増していった。（ただし、中国は天安門事件を未だ総括していない。二〇一〇年一二月、天安門事件のとき穏健派学生の指導者であった劉暁波に対するノーベル平和賞授与に反発し、各国に受賞式典に出席を控えるよう運動を行ったほどであった。）

なお、九七年、香港は英国より中国に返還された。

一九八二年以来、日中間では、中国が、日本の教科書・首相の靖国神社参拝を取り上げ、日本非難を繰り返した。さらに冷戦の終わった時点でも、中国は日本の国連安全保障理事会常任理事国入りに強く反対した。日中は相互の関係を、「戦略的互恵関係」として重視しつつ、中国は時として日本への批判を繰り返している。二〇一〇年以降は、日本固有の領土たる尖閣諸島を中国の領土だと主張し、二〇一二年九月に、日本政府が尖閣諸島の平和的維持を希望して、民間人からの買い上げに踏み切ったことに激しく反発した。同年九月の国連総会で、中国外相が、国際的に尖閣諸島の中国への帰属を主張し、日本が戦後の国際秩序に挑戦していると言い出している。

③　東南アジア

フランス領インドシナでは、ホー・チ・ミンの率いるベトミンが第二次世界大戦以降、ヴェトナムの独立を目指して闘争を展開していたが、一九五四年、ジュネーヴ会議（米・ソ・英・仏の四大国がベルリン問題で協議することが目的）の最中に、ディエン・ビエン・フーで、フランス軍がヴェトナム軍に大敗した。この会議で、ヴェトナムは、北緯一七度線で南北に分けられ、北はヴェトナム民主共和国（共産党）、南は資本主義陣営のヴェトナム共和国に分裂した。以降、米国は南ヴェトナムを軍事的にも支援した。南ヴェトナムでは、ヴェトコン（南ヴェトナム解放戦線）が北ヴェトナムと共に、米国・南ヴェトナム政府軍との戦闘を展開したが、七五年、北ヴェトナムが勝利し、ヴェトナム戦争は終結した。ヴェトナム戦争によって、米国では、ヴェトナム後遺症が残り、文化的にも、国際的な反戦運動に発展していった。

東南アジアでは、一九六七年、五カ国（インドネシア、タイ、マレーシア、フィリッピン、シンガポール）によるASEAN（東南アジア諸国連合）が発足した。これは当初、共産主義へ対抗する目的であったが、その後、周辺諸国の経済成長を後押しし、政治的にも東アジア諸国間の協力の牽引力になっている。

カンボジア紛争を機に、ヴェトナムと中国の関係が悪化して、やがて中越紛争へと発展した。しかし、一九八九年世界的に冷戦が終了し、九五年、ヴェトナムがASEANに加盟、その後カンボジア、ラオスが加盟した。九七年、ASEANは、ミャンマーを加えて一〇カ国体制となり、全東南アジアを網羅することになった。

今日、中国はフィリッピン、ヴェトナムなど南シナ海の国々と島（南沙、西沙）の領有権を争っている。ASEAN諸国は拘束のある「行動規範」を会議で採択しようとしたが、中国と関係の深いカンボジアが反対し、ついにASEAN共同宣言は採択されなかった。

(3) その他の問題

① 南北問題

第二次世界大戦後、多くのアジア・アフリカ諸国が独立したが、その多くは、経済的に遅れた国であった。東西冷戦の中にあって、これら、米ソのいずれの陣営にも属さない国が、非同盟あるいは、第三世界として登場することになった。そのリーダーが、インド、インドネシア、エジプト、ユーゴスラヴィア、ブラジル、メキシコ、中国などであった。これら発展途上国と先進国の間の問題は、南北問題ともいわれた。

発展途上国は国連総会で多数を占め、国連を舞台に勢いを振るったので、一時期米国の国連不信を買う一つの要因ともなった。

これらの国は、一九七三年の第四次中東戦争後のアラブ石油戦略採用を経て、七四年、国連総会で「新経済秩序」（NIEO）を掲げ、資源価格と鉱業製品価格の「物価スライド」制度を主張した。しかし、七〇年代後半、資源需給が安定化するに伴い、勢いを失った。また、この戦略は、資源を持たない最貧国（LLDC―二〇一二年現在OECD〔経済協力機構」の定義によれば、一人当たりの年間所得が三九六ドル以下の国。これは、開発途上国平均所得の三分の一で、現在四八ヵ国にのぼる）を困難に陥れることにもなった。

② 中東問題

パレスチナの地は、その地を支配していたトルコが第一次世界大戦に敗北した後、英国の委任統治下にあったが、この地の一角に一九四八年、イスラエルが建国された。

これに反発するパレスチナ住民とアラブ諸国が、イスラエルと対立し、これが中東問題の発端となり、以来、四次にわたる中東戦争が繰り広げられた。

特に一九六七年の第三次中東戦争（六日戦争と呼ばれる）で、イスラエルがヨルダン川西岸とガザ地区、ゴラン高原を占領し、さらにヨルダン川西岸、東エルサレムの占領地で入植活動を展開したことで、パレスチナ人との対立はより深刻化した。

第四次中東戦争（一九七三年）後、アラブ石油輸出機構は、西側各国に石油の輸出を制限し、アラブ諸国の立場が強まった。その後、イスラエルとエジプト、ヨルダンは和解したが、八〇年代後半以来、イスラエルとパレスチナの対立は続いている。

現在は、ヨルダン川西岸とガザ地区をパレスチナ国家とし、イスラエルとパレスチナ国家が共存する和平案が、米国のイニシアティブで進められている。しかし、パレスチナとイスラエルの和解は進まず、二〇一二年秋には、パレスチナのガザ地区を支配するイスラム原理主義のハマスは、イスラエルとの武力衝突を拡大させている。

六　日本の敗戦から独立回復まで

(1)　日本の占領の特色

一九四五年八月九日、ソ連は当時まだ有効であった日ソ中立条約にもかかわらず、対日戦争に参戦し、満州を占拠した。さらに日本が降伏した八月一五日以降、日本の固有の領土である歯舞、色丹、国後、択捉の四島を占領した。一六日、スターリンは北海道北半分をソ連占領地域として要求したが、一八日、米国大統領トルーマンはこれを拒否して、日本の分割は免れた。

日本の占領政策は、ドイツと違い（ドイツは、米・英・仏・ソの四カ国の占領地域に分割、首都ベルリンは四分割して共同管理下に置いた）、一体として米国主導で行われた。その際、占領軍の目的は日本の非軍事化、民主化であった。

一九四一年八月、「大西洋憲章」で、ルーズベルト米国大統領とチャーチル英国首相は諸国民に自由、平等、平和を保障することを戦後世界の目的とした。大国たると小国たると、勝者たると敗者たるとを問わず、全ての国が平等に国際経済に参画できる戦後世界の樹立を謳っていた。

米国知日派はこれに沿って、軍事的な日本が崩壊した後、日本を平和的な経済国家、民主的な米国の友好国として国際復帰させることを基本的な方針とした。

しかし、日本に対して、かつてドイツが第一次世界大戦後さらに第二次世界大戦に進んだ経験から、復讐の目を摘むように徹底的に厳しい占領政策を唱える者もいた。

日本外務省と幣原、吉田両首相は、GHQ最高司令官であったマッカーサー元帥に対して、天皇と日本政府を介して占領政策を進めるよう主張して成功した。当時の日本は、占領下にあり外交権はなかったが、日本政府は、マッカーサーとGHQを相手に交渉し、平和裏に、占領政策を先取りし（婦人参政権、労働権など）、幣原内閣によって象徴天皇制と平和憲法の制定、占領軍による間接統治を行うことに成功した。

(2)　日本国憲法の制定過程

一九四六年一月、幣原首相はマッカーサー元帥と会見し、「徹底した平和主義と戦争放棄」を提言し、天皇もこれを支持、マッカーサーも同意した、とされる。（マッカーサーは、天皇との会見を通じて、天皇に感銘していた。そして、天皇制維持に同意していた。）

日本国憲法の制定過程を調べてみると、日本の憲法私案（松本私案）は、明治憲法に最小限の修正を施したものであり、主権在民という今日では当然の事柄を理解した上で作られたものではなく、占領軍の理解を到底得るものではなかったとの印象を受ける。結局、マッカーサー草案を経て、二月一九日、日本は、閣議で象徴天皇制、戦争放棄、基本的人権の尊重を特徴とする現行憲法を了承した。ただし、戦争放棄は、侵略戦争の場合であって、自衛のための戦争は、国家固有の権利として憲法の禁ずるものではないとしたことは、天皇、マッカーサー、幣原首相の三者の間では明瞭とされる（五百旗頭『戦後日本外交史』）。

なお、現行憲法について批判的意見の根拠として、「占領軍から押し付けられた」憲法であると主張する説があるが、制定の経緯から言ってこれは間違った主張である。ただし、前文は日本語としては適切ではないし、戦後も六〇年立って新しい要素（環境権）も出てきていることから、憲法にそのような要素を取り入れる柔軟性があってもよいと考える。

(3) 国際情勢と占領目的の関係、特に朝鮮戦争との関係

一九五〇年六月の朝鮮戦争の勃発は、日本の独立回復に影響した。すなわち、この戦争により、米国にとっての日本の存在意義は上昇した。特に五〇年一〇月、中華人民共和国義勇軍と米軍が衝突すると、米国の中国に対する敵対心は増大し、多くの米軍が日本の基地から朝鮮半島に出撃していった。日本を西側陣営に繋ぎとめ、強化することが、米国の利益となったのである。

このように、日本を自由主義陣営の橋頭保として育ててゆくことが、新たな占領目的となった。当時はヨーロッパでソ連が中・東欧諸国を次々と共産化させ、アジアでは中国が共産党支配となり、北朝鮮でも共産党政権が誕生した。こうした動きに、米国が危機感を抱いたこともあろう。

一九五一年九月に調印され、五二年四月に発効したサンフランシスコ講和（平和）条約によって、日本は独立を回復した。しかし、同条約にソ連などは調印せず、「片務的」条約といわれた。その背景には、一九四七年ごろより、ヨーロッパで冷戦が確定的となったことが挙げられる（既述のようにマーシャル・プランをソ連は拒否。他方、トルーマン大統領はソ連の「封じ込め」政策を採用し、米ソを筆頭とする東西間の冷戦が進行していた。冷戦の煽

りを食って、ソ連以下共産圏の国々はサンフランシスコ平和条約に調印しなかった)。

米国は引き続き、日本を、平和な民主主義国家として、世界経済に引き込む政策を強化していったが、同時に、日本を再軍備させる必要性がでてきた。講和後の日本の安全保障と、米軍の駐留を確保する必要性があったわけである。

そして、日本は、講和後に、警察予備隊・海上保安庁のほかに、「保安隊」、さらに自衛隊の設置の見通しを明らかにした。

サンフランシスコ平和条約と同時に、日米安保条約が発効したが、この条約は、日本に米軍の駐留を確保することに重点が置かれた。(沖縄はアメリカの施政権下に置くことを承認せざるを得なかった。)

中国との関係については、日本は、台湾の国民政府(中華民国政府)との間に正常な関係を再開(一九五一年一二月二四日付け吉田書簡)することを表明し、五二年、日華平和条約が調印された。この後、日本は、一九七二年(日中国交回復)まで、台湾との関係を維持することになった。

アジア諸国とは、ビルマ(ミャンマー)など賠償問題が解決した後に平和条約が発効した。

なお、占領中、国内では、非軍事化処置として財閥解体・公職追放が行われ、民主化政策として、婦人参政権、労働組合法の制定、農地解放、基本的人権の確保が図られた。

七　戦後の日米関係

(1) 被占領国家から独立国家へ

独立回復後、日本は吉田路線に基づいて、経済力をつけることを優先していった。他方米国も、当初は日本が再軍備することに関心があったが、朝鮮戦争休戦後は、日本が西側の一員として強い経済力を持つことに関心がうつっていった。

一九五七年の最初の外交青書は、「自由主義諸国との協調」、「国連中心外交」、「アジアの一員」と強調しているが、これは当時の日本が、欧米との通商の強化、アジア諸国との国交回復を最重要視したことを物語っている。「国連中心外交」は、五六年秋にソ連との国交正常化を果たし、国連加盟が認められたことと無関係ではないだろう。

(2) 日米安全保障条約の改定

一九五二年に発効した旧安保条約は、実質的には駐留軍協定であり、条約の期限はなく、内乱条項（米軍が日本に革命などがあったときには介入する）もあった。また、米国の日本を防衛する義務も明示されていなかった。

これを、日本が米国に施設（基地）を提供し、米国は日本を防衛すると双務的にし、基地使用に関しては事前協議制度を作り、条約は一〇年間有効とし以降は自動的に延長する、という内容に改定したのが、一九六〇年に成立した、新安保条約である。以降、日本は、安全保障は米国に任せ、吉田路線に沿い、経済発展に邁進することになる。

ところで、二〇〇九年、日米安保交渉において、日米間に四つの密約があったことが明らかになった。

その一つが、米国の核兵器搭載の艦船が日本に寄港及び日本の領海を通過するとき、米国は日本に事前協議する必要があるかどうかを巡ってである。日本政府は、これまで非核三原則（核兵器を作らず、持たず、持ち込ませず、という三原則）から、それは事前協議の対象であり、事前協議が米国からあれば拒否する、と国会で答弁してきた。（非核三原則から核兵器を装備した米国の艦船が日本に寄港したり、領海を通過したことは排除されない。）しかし米国側は、寄港や領海通過は「持ち込みに当たらない」と解釈し、その旨を当時のライシャワー駐日大使が六三年大平外相に説明し、その後、日本側はその点に深入りしなかった。これは、「日米間で広い意味で密約があった」と解される。

当時は東西冷戦のもとにあり、また一方で、日本国民の間に強い核アレルギーがあり、自民党政府が、国民に対して率直に日本の安全保障のために米国の核搭載艦船の立ち寄り・領海通過が必要であることを説明できなかったことが問題であった。ただし、一九九一年以降、米国は艦船に核兵器を搭載することはなくなった。

第二は、朝鮮半島有事のときは、事前協議なしに米軍は日本に存在する基地を自由に使用できる、というものである。これは、日米安保締結前の日米の協議議事録で確認された。この密約は、当面は問題になることはないが、実際に朝鮮半島有事のときは、非核三原則との関係で問題になりうる。

第三の密約といわれるものは、沖縄返還時に佐藤首相とニクソン大統領がサインしたペーパーの、有事の際には沖縄に核兵器を配備する、という日本の約束である。外務省が設置した調査委員会は、このペーパーは佐藤首相が保管したもので国家間の約束ではないと結論づけている。しかし、私見では、一国の首相と大統領が交換したペーパーがたとえ私邸に保管されていたとしても、密約がなかったと言えるかどうか疑問に思う。

第四の密約とは、沖縄返還時に米軍が使用していた土地の原状回復の費用を、日本政府が肩代わりするとしたものである。これは外務省の当時の米国局長が二〇一〇年秋に国会で証言して明らかになった。

(3) 一九六〇年代

日米新安保条約締結の後、日本は池田内閣の下で高度経済成長路線を突っ走ることになる。

六〇年代は、国際的にも日本の経済成長に好都合だった。米ソ関係は六二年のキューバ危機以降、緊張緩和（平和共存）の時代に入った。このような世界情勢は、日本が軍事力を最小限にし、経済力をつけるのに都合が良かった。

一九五五年に日本は、GATT（関税と貿易に関する一般協定）に加入した。しかし、西欧諸国は、GATT三五条を援用して、日本との貿易に差別的な対応をしていた。多くの場合、それらの国の繊維業界が日本との競争に対して保護を要求した。日本の労働者の低賃金・長時間労働で、日本製品が「不当に」競争力が強いという「ソーシャル・ダンピング」論や戦前の日本の「不公正貿易」の記憶が影響していたこともあろう。そうした中で、米国は、GATT三五条援用撤回を支持し、次いで六二年に英国、六三年にフランスが撤廃した。（フランスのド・ゴール大統領と会談した日本の首相は、ド・ゴールから「トランジスターラジオのセールスマン」とも言われたという。）

一九六四年には、日本は国際通貨基金（IMF）八条国に移行し、貿易に伴う為替取引に対する規制を撤廃、通商・金融両面で自由化を進め、開発途上国から先進国の仲間入りを果たした。同年、OECD（経済協力開発機構）にも加盟した。

日本の再生振りを示す象徴が、東京オリンピックの開催（一九六四年）、東海道新幹線の開通であった。

こうして、日本は主要な自由主義国として、国際社会での地位をほぼ確立した。他方で、極端な対米依存を避けるべくヨーロッパとの関係を強化する必要があった。

米国は、六〇年代前半まではまだ強大で、自信を持っていた（貿易の一層の自由化のためのケネディー・ラウンドをリード）。日本の国力の増進は、米国の利益でもあり、日本を、旧敵国から民主的なパートナーとして育成していこうとするリベラルな理想主義（ケネディー大統領・ライシャワー駐日大使路線）も横溢していた。「日米イコール・パートナーシップ」すなわち、「勝者」と「敗者」、「占領者」と「被占領者」という関係でなく、円満な独立国家の関係に発展させようとする雰囲気が米国にはあった。

しかし、六〇年代後半、米国は泥沼化したヴェトナム戦争に足を取られ、日本でも「ヴェ平連」(「ヴェトナムに平和を」という市民運動)を始め、イデオロギーに囚われない平和運動が盛んになった。日本では、小さな北ヴェトナムを米国が苛めているというイメージが強く、世論は米国に批判的であった。

日本政府は、国民の間の「平和主義」、「核アレルギー」と「対米基地維持」というジレンマに直面しつつ、沖縄返還という目的に向かった。「沖縄の祖国復帰が実現しない限り、わが国にとって『戦後』が終わっていない」というのが一九六五年八月の佐藤首相(当時)の政策であった。

米国側も、基地の円滑な利用のため、これに同意した。日本政府は非核三原則を明らかにし、米国との交渉で「核抜き本土並み」を実現した(一九七二年五月)。背景には、米国が、ヴェトナムから撤退し、中国との関係を調整しようとしていたこと、さらに、米ソ間のデ・タント(緊張緩和)があった。

(4) 一九七〇年代前半

米国は中国との関係を調整する意図を明らかにした（一九七一年七月一五日のニクソン・ショック）。

そして、日本には、経済大国として、安全保障面での応分の負担を要求する姿勢を明らかにした。（すでに、グァム・ドクトリン〔同盟国の責任分担と海外からの余計な兵力の削減〕でその姿勢を明確にしていた。）

当時、経済的に、米国の国際収支は赤字になり、米国はかってのような余裕を持たなかった。そのため米国は、ドルの金兌換を停止（一九七一年八月）し、一ドル三六〇円の固定相場制の時代は終わった（一二月、スミソニアン体制〔一ドル三〇二円に〕。七三年、国際通貨体制は変動相場制へ移行した）。他方、日本は、六〇年代に年平均一〇％に及ぶ経済成長を遂げ、世界第二位の経済大国に成長し、米国の日本を見る目は次第に厳しくなっていった。

政治的には、米国は、日米安保体制を地域に於ける安定、現状維持要因として捉え、一九七〇年、日米安保条約は、議論もなく自動延長となった。（中国は、日米安保条約体制を日本の軍国主義復活の防波堤として評価するように変わった。それ以前は、中国は日米安保条約を日本の軍国主義の復活、と非難していた。）

一九七三年秋、第四次中東戦争に伴い、アラブ諸国は石油戦略を発動した。日本などがそれを回避しようとしたことで、自由陣営の団結に懸念をきたした米国は米・日・ECの三者宣言を提唱したが、フランスはこれを米国主導のものとして捉え、反対して実現しなかった。

フランスのジスカール・デスタン大統領の提唱で、七五年、日本がサミット（G6）のメンバーになったのは、日本が世界経済に不可欠な存在になったことを世界が認識するに至った結果である。

(5)　一九七〇年代後半

日本とソ連との関係が冷却化したのは、日中平和友好条約交渉の進展と無関係ではなかった。中国は、反覇権条項を条約の中に取り入れることを強く要求していたので、条約交渉が進むにつれ、ソ連の姿勢も硬直化していった。米国は、日中平和友好条約が太平洋地域の安定に資するとして、その進捗を望んだ。米国としては、日中平和友好条約が、日中関係を安定化させ、日本の周辺海域での役割が増大し、日米防衛協力の強化に資するものと理解した。

七〇年代後半に至って、米国のカーター政権は、在韓米軍の撤退を打ち出した。これに対し、日本は懸念を表明した。

このころ、日本の貿易黒字が欧米で、「日本は働きすぎ」と批判され、日米関係も深刻化していった。米国は、牛肉・オレンジの輸入枠拡大、関税の引下げを日本に要求した。

他方、日本の経済力は国際的に評価され、一九七七年のロンドン・サミット、七八年のボン・サミット（米国の希望でカナダが加えられG7となった）で、日・米・独「機関車」論が強まった。

このような状況の中で、日本には西側の一員として応分の貢献が求められるようになった。七九年初めのイラン革命後、イランで米国大使館員人質事件が起こった。米国はイランに対して経済制裁を科したが、日本はイランとの石油化学プロジェクトを進めたので、米国政府は日本の姿勢をインセンシティヴ（鈍感）と非難した。これを受け、日本はヨーロッパと共にイランからの禁輸処置に踏み切り、米国政府はこれを歓迎した。

しかし、七九年に起こった第二次石油ショック後、燃費効率のよい日本車の対米輸出がさらに増加し、日米の貿易摩擦はさらに深刻になった。

七九年末にソ連がアフガニスタンに侵攻したことで、東西関係は緊張した。日本は、西側の一員として、一九八〇年夏のモスクワ・オリンピックをボイコットした。

アジア・太平洋関係では、大平首相が「環太平洋構想」を発表した。それ以前の一九七七年、福田首相はヴェトナム戦争後をにらんで、インドシナ諸国との友好関係を構築することなどを謳った「福田ドクトリン」を発表し、アジア政策で新機軸を打ち出していた。日本は、戦後、経済協力をアジア諸国に実施してきたが、それは西側強化の手段（戦略援助の発想）であって、西側の一員としての存在感は示したが、他方で、経済以外の分野では日本の存在感を示しえなかった。その意味で日本の外交が受身であったことは否定できない。福田ドクトリンはこの意味で、戦後の日本のアジア政策に新機軸を打ち出したといえる。

(6)　一九八〇年代

八〇年代初め、日米関係は日本の首相の軽率な発言で危ぶまれたが、後継の中曽根首相時代、米国にはレーガン政権が誕生し、ロン－ヤス関係といわれるように、日米関係は政治的には緊密化した。

日本は、武器輸出三原則の例外として、米国に対する武器技術供与を認めた。中曽根首相は、「日米は運命共同体」、日本列島を「浮沈空母」にすると発言して、日本では行き過ぎと批判されたほどであった。

八三年のウイリアムズバーグ・サミットで、中曽根首相は、「サミット参加国の安全保障は、不可分で、グローバルな観点から取り組まなければならない」(ソ連が自国及び中・東欧諸国に配備した中距離核戦力〔SS20〕を一時ヨーロッパから引き揚げてアジアに移動する案があり、日本も射程に入ることになり、その全廃を求めた)と主張し、コミニュケに採択された。これは、日米欧の安全保障の不可分性を主張したものであった。

さらに日本は、レーガン政権の推進する戦略防衛計画(SDI)の研究への日本の参加を決定した。この計画にソ連は追随できず、米国の軍備力増強に対抗できなかったことが、東西冷戦における西側の勝利に結びついた、と言われる。

また、ソ連空軍機がサハリン上空で大韓航空機を撃墜した際、日本は、自衛隊の持つソ連軍機と大韓航空機の交信記録の公表に踏み切り、撃墜の事実を証明した。このことを米国は評価した。

ただし、東芝機械がCOCOM(対共産圏輸出規制:共産圏に戦略物資を輸出することを禁止する）に反して、ソ連に工作機械を輸出していたことは、米国では日本が西側の利益に反して行動しており、利己的と批判された。米国国会議員が日本製ラジカセをハンマーで打ち砕く政治ショーを演じ、米国の苛立ちが示された。

ところで、経済面では、二度にわたる石油ショックを技術改革で乗り切り、競争力を増した日本経済に対し、米国は厳しい対応を示した。例えば、牛肉・オレンジの対日輸入枠の拡大である。また、日本側は、自動車の対米輸出自主規制を実施した（八三年まで。以降、アメリカでの現地生産へ踏み切る）。半導体摩擦については、日米半導体協定で五年間の米国製品の日本市場参入拡大に合意した。

また、日本の家電等の輸出は、集中豪雨的輸出と批判され、さらに日本の市場の閉鎖性が批判の対象になった。これに対し日本政府は日本市場の開放を叫び、輸入拡大に努力した。例えば、「前川レポート」が出され、日本市場の一層の開放がうたわれた。

通貨については、日本の輸出増加で、改めて日本円が低く評価されすぎるとして、一九八五年、プラザ合意によりドル高是正、協調介入がなされ、一ドル二四〇円前後から八七年二月には一五〇円台の円高となった。

他方、自衛隊の海外派兵については自制が見られた。例えば、イラン・イラク戦争に際し、中曽根首相は、ペルシャ湾にイランが撒いた地雷を除去するために、海上自衛隊の掃海艇の派遣を米国に約束したが、後藤田官房長官の反対で、取りやめた。日本はいまだ戦争の影を引きずっていた。

(7) 冷戦後

湾岸戦争（一九九〇年―九一年、イラクがクエートを侵略）で、日本は合計一三〇億ドルを供与したにもかかわらず、米国はじめ国際社会は、これをtoo late, too littleとして、明確に評価しなかった。

また、米国は、経済面では、依然として厳しい姿勢を示した（数値目標の要求、日米自動車摩擦、日本異質論、ジャパン・バッシング）。

こうしたこともあり、日本の国際貢献の度合いは積極的になった。例えば、日本は、国連平和協力法を制定し、平和協力のための自衛隊の海外派兵を可能にした。カンボジアPKO（平和維持機構）では、カンボジアの平和と政府再建に日本は大きく貢献した（一九九三年）。

また、経済的にも、日本はアジアの経済危機に対処した。（一九九七―九八年）日本の大蔵省は、ＩＭＦに加えてアジアの通貨基金（ＡＭＦ）の創設を提案したが、米国は拒否した。この背景には、米国がアジアでの主導を重視したことがあったと考えられる。

外交では、クリントン政権は、中国を重視する姿勢を見せた。しかし、同政権は、台湾問題では断固とした姿勢をとった。すなわち、一九九五年、中国が台湾海峡でミサイル演習をした際、米国は台湾海峡に空母二席を派遣し、台湾問題については、平和的解決のみが可能であることを示した。

他方、一九九五年に沖縄に駐留する米兵による少女暴行事件が起こった。この事件と台湾危機は、米軍のアジアでのプレゼンスの必要性と、日米安保再定義の必要性を再認識させた。一九九六年の日米新ガイドラインでは、沖縄基地を整理・縮小（普天間基地の移設合意）する一方で、アジア・太平洋の平和と安定のため一〇万人規模の米軍のアジアにおける維持を明示した。

二一世紀を迎えて、米国ではブッシュ政権が誕生した。ブッシュ政権は、日米関係を重視したが、国際的には単独行動主義を唱え、ヨーロッパの同盟国の一部は困惑した経緯がある。

日本の小泉首相は９・11の同時テロ事件以降、米国を支持し、アフガン紛争ではテロ特別措置法を成立させて、海上自衛隊のインド洋上での後方支援を実施した（二〇一〇年一月まで）。イラク戦争についても、米国を支持し、イラク特措法により自衛隊をクエートに派遣し、後方支援を行った。なお、イラク戦争に関しては、ドイツ、フランスはイラクに大量破壊兵器がないと反対した。イラク戦争の正当性については疑問が残った。
ところで、国連は創立以来六〇年立っており、その代表性・効率性には疑問がもたれている。

二〇〇五年の国連安保理改革で、日本はドイツ、ブラジル、インドとともに安保理常任理事国・非常任理事国の拡大を提唱して、G4決議を準備した。しかし、この時は、G4決議には反対が強く（特に日本について中国が強く反対した）、上程されなかった。中国が激しく日本の常任理事国入りに反対する中で、米国は日本のみの常任理事国入りを支持した（実質的には、米国は安保理の拡大に慎重であった）。

今後、時間が立つにつれ、日本の常任理事国入りは険しさを増し、日本のODA（政府開発援助）も減る一方で、日本の国際場での発言力は弱くなっていくことと思われる。日本は、拒否権なしの、再選可能な非常任理事国（現行では、安全保障理事会には、常任理事国のほか、二年ごとに改選される非常任理事国があり、非常任理事国は続けて安保理メンバーになれない）という考えに移行することも必要ではないか、と考える。

二〇〇九年一月、米国でオバマ政権が成立、同年九月、日本では民主党中心の新政権が成立した。日本の民主党政権は、普天間基地移設に関するかつての日米合意を再検討する旨を表明した。しかし、普天間基地を名護市に移設する当初の日米合意に代わる案はなく、鳩山首相（当時）の、「最低でも県外」移設という発言は、沖縄県民のさらなる怒りを買った。

二〇一〇年、日米安保条約発効五〇周年を迎え、政府間で今後一〇年、日米関係深化の方向を目指すことになった。しかし、日米関係が、ぎくしゃくしてきているのは事実であろう。そうした中、二〇一一年の東日本大震災の際の、米軍の協力姿勢（「友だち作戦」）は、日米関係にとって画期的であった。

八　戦後の日中関係

(1)　はじめに

最近の日中関係は、尖閣諸島問題を巡って、緊張している。

二〇一〇年秋、中国漁船が、尖閣諸島沖で、日本の海上保安庁の警備の巡視船に故意に衝突した事件が起こった。中国は、尖閣諸島は中国の領土であると強弁し、漁業監視船と称して尖閣諸島周辺で日本への監視体制をとり、日本の排他的経済水域はもとより、接続水域、その内部の日本の領海にも出入りを繰り返している。尖閣諸島は、明治時代より日本が実効支配しているが、一九六九年に尖閣諸島周辺に、石油などの天然資源が豊富にある可能性がある、という国際機関の報告が出されて以降、中国は尖閣諸島への領有権を主張しだしている。なお、中国は、南シナ海でもフィリッピン、ヴェトナムなどと南沙諸島、西沙諸島などの領有権を争っている。

そうした中で、二〇一二年四月に東京都知事が米国において、尖閣諸島のうち一部を都が民間から購入するという発言をした。日本政府の尖閣諸島の主権を守る姿勢が不十分であるとの不満があったのであろう。これに対して、日本政府は、日中関係を考慮して、国が所有した方が中国を刺激しないであろうと考え、九月に日本政府が尖閣諸島を民間より買い上げた。これに対し、中国政府は「国有化」として強く反発し、中国では、大規模な反日暴動が起き、多くの日本企業や日本公館に甚大な被害がもたらされた。中国政府は、謝罪も行わず、折からの日中国交正常化四〇周年記念行事も中国側から断ってきた。同年九月に開かれた国連総会では、中国外相は、「日本は釣魚島（尖閣諸島の中国名）を中国から盗んだ。日本は戦後の国際秩序を壊している」などと主張している。さらに中国は、日本の領海を頻繁に侵犯し、二〇一三年一月末には、中国海軍が東シナ海を航行している海上自衛隊の船に対して、射撃レーダーを照射するなど日本をしきりに挑発している。

そもそも、尖閣諸島は、国際法上も、歴史的にも明らかに日本の領土である。日本政府は、一八八五年ごろから、尖閣諸島に中国（当時は清国で、その強大さは想像を絶する）の支配が及んでいないことを調査の上確認し、一八九五年一月に閣議決定を行い、日本の領土とした。尖閣諸島は沖縄県に編入されていたので、戦後は、サンフランシスコ平和条約を経て、米国の施政権下に置かれ（当然日米安保条約が適用された）、一九七二年の沖縄返還後は、再び日本の領土・施政権下に復帰した。一方、中国政府は、日中国交回復後も、日本及び国際的にも尖閣諸島の領有権を明言せず、一方的に一九九二年領海法を定め、尖閣諸島を中国の領海に含めてしまった。

戦後、中国では、中国共産党が権力を掌握し、すべてを一党独裁の下に支配し、対日戦争に勝利したことを中国共産党による中国統一・支配の正統性の根拠にしている。しかし、最近の中国は、多くの矛盾（貧富の格差、汚職の蔓延、思想の不自由など）を抱え、対外的には、周辺諸国との軋轢を増している。中国が将来にわたって責任ある一等国家であるために、二〇一二年一一月に発足した習近平指導部は、改革を必要としている。そうでないならば、中国は国民の目を「尖閣」に向けようとし、日本との対立を一層強硬に進める可能性が懸念される。

(2)　日中国交回復

一九四九年、中国大陸で中華人民共和国が成立し、同年、台湾で中華民国が建国された。こうして中国に二つの政府が誕生した。日本は、一九五二年四月に独立を回復した後、中華民国を中国の正統政府として、国交回復・日華平和条約を締結した。国連でも、台湾が中国代表権を保持したことは既述の通りである。

一九七二年に国交を回復するまで、日本は中華人民共和国とは、民間レベルでの文化・経済交流（六二年からLT貿易。六七年以降、「覚書」貿易）を行っていた。

中国は、「日米安保条約は、日本軍国主義が復活したことの印で、日本が米国の侵略的な軍事ブロックに公然と参加した印」と表明するなど、反米・反日的姿勢を示した。さらに、一九六四年、中国は核実験を実施し、核保有国となり、日本の反発が高まった。米国もヴェトナム戦争に深入りし、中国との関係は極度に悪化した。また、一九六六年、文化大革命が起きて以来、中国は極端に外部に対して閉ざされた存在であった。

こうした状況が変化したのは、七〇年代であった。

一九七一年七月、ニクソン米国大統領は、「キッシンジャー大統領補佐官が、目下訪中しており、自らも明年春に訪中する」と発表、世界にニクソン・ショックを与えたが、特に日本には衝撃的であった。それでも、同年秋の国連総会で、日本と米国は、中国の代表権を変える（台湾を追放する）ことは国連総会の三分の二の賛成を必要とする、との「逆重要事項」の共同提案国となる。しかし、この提案には敗れ、中華人民共和国が中国を代表する（安全保障理事会常任理事国のメンバーとなる）ことになった。（背景には、米国がヴェトナムから撤退しようとしていたこと、中ソ対立の激化、中国で文化大革命が収束しつつあったことがあった。）

一九七二年九月、日本の田中首相が北京を訪問し、日中は国交を回復した（この結果、台湾との関係は、実務的な関係となった）。

日中共同コミュニケの文言は次のとおりである。

「日本は、中華人民共和国を中国唯一の合法政府であることを承認する。

中華人民共和国は、台湾が中華人民共和国の不可分の一部であることを重ねて表明する。日本国政府は、この中華人民共和国の立場を十分理解し、尊重する。

中華人民共和国は、日本国に対する戦争賠償の請求を放棄する。

日中の国交回復は、第三国に対するものではない。両国は、アジア・太平洋に覇権を求めず、如何なる他国のこのような試みに反対する。」

その後、日本と中国の間で日中平和友好条約交渉が開始されたが、その過程で、中国側は、ソ連を意識して、反覇権条項に固執し、ソ連がこれに強く反発した。

結局、一九七八年、日中平和友好条約は調印され、反覇権条項問題は、「この条約は、第三国との締約国の立場に影響を及ぼすものではない」ということで決着した。

中国は、この間に、日米安保条約のアジア・太平洋の安定に資する役割を積極的に評価する方向に転換した（中国は、日米安保条約が、日本の軍事大国化を防ぐと認識するようになった）。

一九七八年末、中国の最高実力者、鄧小平が、「改革・開放」路線を提唱し、以後、中国は近代化路線を歩むことになった。日本はこれを歓迎し、対中円借款を供与した（第一次五〇〇億、第二次四七〇〇億、八八年には、竹下内閣が八一〇〇億円）。これには、中国を西側に引き付けておく意図があった（欧米諸国との協調・アジア、特にASEANとのバランス・軍事協力はしない、という三つの原則）。

(3)　一九八〇―九〇年代――日本の戦争責任

一九八二年、日本の文部省が、歴史教科書の検定過程で、日本のアジア「侵略」を「進出」に改めさせたと報道され、中国・韓国政府は日本政府に抗議した。これに呼応して、両国世論も日本を批判した。

これに対し、日本政府の宮沢官房長官は、「わが国の行為が韓国、中国を含むアジアの国々の国民に多大の苦痛と損害を与えたことを深く自覚する」という政府見解を表明した。そして、検定内容を、政府の責任で是正することで決着した。

侵略問題については、その後も政府要人や国会議員が「侵略ではなかった」という趣旨の発言を繰り返し、そのつど政府が謝るというパターンが繰り返された。

一九八五年八月一五日、中曽根首相は靖国神社を公式参拝した。一〇月の日中外相会談で、中国側が懸念を表明したため、中曽根首相は、翌年の終戦記念日の参拝を見送った。中曽根首相は、参拝を続ければ、中国の総書記で親日的であった胡耀邦の立場を害することを懸念したといわれる。

八〇年代後半は、日中関係は順調に進展したが、八九年六月の天安門事件は、改めて、中国が一党独裁の国であることを認識させた。西側諸国は中国の人権抑圧に対する制裁を発動した。日本も制裁に踏みきったが、九〇年代初め、日本は他国に先駆けて制裁を解除した。

九〇年代は、日本では、バブル経済がはじけ、不良債権問題に手間取り、不調の時代であった。

この間、中国経済は順調に発展し、中国と米国との関係も進展した。特にクリントン政権は、中国を重視し、日本を軽視しているとの観測もなされた（「ジャパンバッシング」などと言われた）。

一方、日本のアジア・太平洋での役割は増大した。こうした中で、一九九五年、中国は台湾海峡でミサイル演習を実施し、これに対して、米国は台湾海峡に空母二隻を派遣した。米国のこの姿勢は、台湾問題は平和的にのみ解決が可能であることを示した、といえよう。

一九九六年、日米安保共同宣言が発表され、日米が、台湾問題に関心を示したことに、中国は不快感を表明した。

8　戦後の日中関係

ところで、戦前・戦中の日本の侵略問題は、常に日本と中国・韓国との潜在的問題であり、日本批判の契機であり続けてきた。このような中国・韓国の批判に対し、一九九五年八月一五日、村山首相（当時）は次のような談話を発表した。

「戦後五〇年の終戦記念日にあたって

わが国は、遠くない過去の一時期、国策を誤り、戦争への道を歩んで国民を存亡の危機に落とし入れ、植民地支配と侵略によって、多くの国々、とりわけアジア諸国の人々に対して多大の損害と苦痛を与えました。私は、未来に過ち無からしめんとするが故に、疑うべくもないこの歴史の事実を謙虚に受け止め、ここにあらためて痛切な反省の意を表し、心からのお詫びの気持ちを表明いたします。また、この歴史がもたらした内外全ての犠牲者に深い哀悼の念を捧げます。」

中国・韓国などアジア諸国はこれを評価したが、日本国内では賛否両論があった。

一九九八年、中国国家主席江沢民（当時）が訪日した際、日本の戦争責任について繰り返し言及した。直前に行われた韓国の金大中大統領の訪日が、戦後の日本の平和的発展・民主主義の発展・途上国援助を評価するなど未来志向であったのと比較して、日本側の顰蹙を買った。（背景として、米中が相互の首脳訪問を実現、順調に発展し、「戦略的パートナーシップ」を謳っていることに、日本側が反発したこともあろう。）

(4)　二〇〇〇年以降——日中間の緊張

小泉首相の複数回にのぼる靖国神社参拝は、中国側を刺激し、日中関係に悪影響を及ぼした。二〇〇五年春には、中国各地で反日デモが繰り返され、日本大使館、総領事館も攻撃された。

さらに、日本の国連安保理常任理事国入りに、中国は強く反対し、各国に働きかけを強めた。特にアフリカ諸国への働きかけは激しかった。

その後、中国は順調に経済発展を進めており、二〇〇六年から二〇一二年春までは、日中関係は改善したと言える。その背景としては、中国では胡錦涛政権が周辺国との善隣外交を掲げ、日本では、安倍・福田・麻生、さらに民主党の鳩山・菅政権は、中国との友好に意を用いた。安倍首相の中国訪問、胡錦涛の日本訪問、麻生首相の三回にわたる中国首脳と会見、また、鳩山首相は東アジア政策を唱えるなど、中国に配慮している。これら六代の首相は、靖国神社に公式参拝していない。なお、中国と日本の関係は、福田首相以来「戦略的互恵関係」と称されている。

九　日本と朝鮮半島

(1) 日韓関係

一九四八年、韓国の李承晩政権は、公海上に「李承晩ライン」を引き、日本の漁船を拿捕した。背景には、日本の植民地支配への恨みがあった。この時に、韓国は日本固有の領土である竹島を韓国の領土であるかのように李承晩ラインの内側に入れた。その後、韓国は竹島の実効支配を強めた。

一九六一年、パク・チョンヒがクーデターで大統領に就任した後は、韓国側も、経済発展のために日本との関係改善が必要なことを認識し、一九六五年、日韓正常化（基本条約の調印）を果たした。韓国では「屈辱的」と世論が反発し、日本国内では、左翼勢力が反共軍事同盟であり、朝鮮半島分断の固定化と批判した。

一九七三年八月の金大中事件（野党政治家の金大中氏が東京都内のホテルで韓国中央情報部によって誘拐されて、ソウルへ連れ去られた）で、一時、日韓関係は緊張した。

八〇年代になると、韓国は、韓国の存在が日本の安全に寄与しているとして、日本に巨額の対韓借款供与を求めた。さらに、教科書問題が発生し、韓国は反発、日本は、八二年、「わが国の行為が、韓国・中国を含むアジアの国々の国民に多大の苦痛と損害を与えたことを深く自覚する」（宮沢官房長官）との政府見解を発表した。

一九八四年一月、新しく就任した中曽根首相は、最初の訪問国として韓国を訪問した（通例では総理大臣の外国訪問は、米国訪問から始まる）。中曽根首相は、両国間の「不幸な歴史を厳粛に受け止めなければならない」とソウルで表明し、借款も七年間で四〇億ドルで決着した。

韓国を始めとする、いわゆるＮＩＥｓ諸国は、経済発展に自信（一九八五年、プラザ合意による円高でアジア・ＮＩＥｓから日本への輸入が増加）を持ち、韓国は一九八八年にソウル・オリンピックを成功裡に終了させた。さらに、冷戦後、韓国は共産国への積極外交を展開、中国・ソ連と国交を樹立し、北朝鮮と同時に国連に加盟を果たした。

この間、韓国には、ドイツ統一に刺激され、北朝鮮を吸収する考えも生まれたが、ドイツ統一が高コストであったことを知って諦めたといわれる。

日韓関係は、九五年の村山談話と、金大中大統領の訪日を経て、発展した。例えば、二〇〇二年、サッカーワールド大会の日韓共同開催を果たし、また、いわゆる韓流ドラマの流行は日韓友好に貢献したと言えよう。

その後、小泉首相の靖国神社参拝で日韓関係は緊張したが、安倍・福田・麻生政権で修復された。

周知のように、日韓には、竹島をめぐる問題が存在する。日本の見解では、元々竹島の領有権は日本のものであったが、韓国が、李承晩ラインで竹島（韓国では独島）を囲い込み、竹島の領有権を言い出したものである。竹島は歴史的にも、国際法的にも日本の領土であり、韓国は李承晩ライン以来、竹島を実効支配をしようとしているが、本来竹島について日韓間に領土問題はない、というのが日本側の主張である。

(2)　日朝関係

①　拉致問題

北朝鮮は、朝鮮戦争後、朝鮮労働党政権下で、経済的に大きく停滞した。

日朝関係を見ると、一九九〇年、自民・社会両党代表団がピョンヤンで、キム・イルソン主席と会談し、植民地支配と戦後の不正常の関係について、日本が謝罪し償うことを約束した。しかし、政府レベルまでには至らなかった。その後、九〇年代末に、北朝鮮による日本人拉致問題が明らかになる。

そうした中、二〇〇二年、小泉首相が突如訪朝、キム・ジョンイル主席と会談し、日朝ピョンヤン宣言がなされた（国交正常化交渉の開始、朝鮮半島の核問題の包括的解決のためすべての国際的合意の遵守、ミサイル発射のモラトリアムを二〇〇三年以降も延長）。この時、キム主席は日本人拉致を認め、日本人拉致被害者五人の帰国が実現した（その後二〇〇四年に三人が帰国）。

日朝両国は、国交正常化交渉を同年一〇月に開始したが、拉致被害者が「北」に帰らなかったことから、北朝鮮は態度を硬化し、交渉は中断した。

なお、北朝鮮は、韓国との関係でも、八〇年代初めビルマ（ミャンマー）訪問中の韓国代表団に爆弾を仕掛け、また、八七年の大韓航空機爆破事件は、北朝鮮が仕掛けたといわれる。さらに、二〇一〇年三月に韓国哨戒艦を撃沈、同年一一月に韓国ヨンピョン島を砲撃した。

②　六カ国協議

九〇年代になって、北朝鮮は核開発の兆候を示した。一九九四年、カーター元米国大統領が訪朝し、キム・イルソン主席と会談、米朝包括合意が成立した。これにより、北朝鮮が核開発を放棄する代わりに、黒鉛型減速炉に代わって、プルトニウムが作りにくい軽水炉とエネルギー源としての原油を供給、日・米・韓でKEDO（朝鮮半島エネルギー開発機構）を設立することになった。しかし、この合意は、その後、北朝鮮が再び核開発を進めていることが判明し、頓挫した。

一九九八年、北朝鮮は、ロドン（短距離ミサイル）を発射し、さらに二〇〇二年、IAEA（国際原子力機関）からの脱退を声明するなど、再び核開発の兆候を示したので、中国を議長国として二〇〇三年八月、六カ国協議（米国・北朝鮮・日本・韓国・中国・ロシアによる北朝鮮に核兵器製造中止を求める外交会議）が、開始された。

しかし、北朝鮮は二〇〇六年八月、テポドン一号の発射実験を行い、一〇月には第一回目の核実験を実施した。これに対し、国連安保理は制裁決議を採択した。

その後、北朝鮮は六カ国協議で、不誠実な態度（核施設の検証に同意せず）を示し、さらに二〇〇九年四月、テポドン二号の発射実験を行い、同年五月、第二回目の核実験を実施した。その後、北朝鮮は六カ国協議には戻らないとの声明を発表、今後は、北朝鮮がいかなる形で六カ国協議に復帰するかが焦点になっている。

そうした中、二〇一一年一二月、キム・ジョンイル主席が死去し、三男のキム・ジョンウンが後継者となった。翌一二年四月、キム・ジョンウンが党第一書記、国防第一委員長に就任、実質的に国家と党を掌握した。かつてキム・イルソンは韓国に、キム・ジョンイルは米国に挑戦してきた。キム・ジョンウンがどこに照準を当てているのかが注目されるところであった。

しかし、北朝鮮は、度重なる国際社会の要請にもかかわらず、二〇一二年一二月には、「人工衛星」と称して米国本土に届くといわれる長距離弾道兵器を打ち上げ、二〇一三年二月には、三度目の核実験を行い、核兵器の小型化・軽量化に成功したといわれる。キム・ジョンウン体制になって、少しは国民の貧窮に配慮する体制へと変化するかもしれない、という期待にも拘らず、「遺訓」と称して相変わらず瀬戸際強硬政策に走っているようなのは、残念である。今後、日本としては、核実験を強行したことについては強硬な制裁処置で応えるとともに、拉致問題の解決を含む日朝国交正常化交渉の窓を開けておき、北朝鮮内部の権力闘争の行方を冷静に見守る姿勢も必要であろう。なお、拉致問題で思い出されるのは、ドイツ統一に至る過程で、六〇年代末期から八〇年代初めまで、東ドイツによって東ドイツの刑務所に拘留された思想犯を、西ドイツがFreikaufと言って、要するに西ドイツ政府が東ドイツにお金を払って、西ドイツに釈放させた手法である。ここには、東ドイツの弁護士が介在した、とも言われる。

ところで、二〇一二年八月、北朝鮮赤十字社と日本赤十字社は、第二次世界大戦末期に北朝鮮領土内に残された遺骨の収集について話し合いを行い、さらに八月下旬、日本と北朝鮮両国政府間の話し合いに結びつくことになった。これは、四年前に、北朝鮮が当時の麻生政権の対北朝鮮政策を見極めたいとして、政府間協議を拒否して以来のことである。この日朝会談は、その後一一月、局長級に格上げされ、（北京でなく）ウランバートルで開催された。

一〇　日本と東南アジア

日本は、一九五〇年代からフィリッピン、インドネシアなどと賠償交渉を始め、これは一九六〇年代に終了したが、賠償と同時に行われた有償の資金協力は、日本の経済復興を進める手段となった。

日本の東南アジア援助は、主として、資本財の提供やインフラの整備に重点を置いたもので、被援助国の経済発展に貢献した。一方、東南アジア諸国は日本にとって、天然資源の供給源であった。

　また、日本は東南アジアに対して援助外交を展開し、アジア開発銀行の設立に指導的役割を果たすなどした。他方で、東南アジア諸国（例えばインドネシア）は、大国の干渉に敏感（植民地支配や戦争中の日本軍の蛮行への警戒感）であり、日本は東南アジア外交を慎重に進めることとなった。

　復興と戦後の経済発展の結果、日本のアジアへの経済的進出が顕著になると、日本への反発が大きくなり、それが、七四年の田中首相のタイ・インドネシア訪問の際、反日暴動となって現れた。

　反省を迫られた日本は、七七年、当時の福田首相が、ASEAN首脳会議で対東南アジア政策を発表した。これは「福田ドクトリン」と言われ、今でも日本の東南アジア政策の根幹をなすものである。その内容はつぎのようなものである。
①　日本は軍事大国にならない。
②　東南アジア諸国とは、政治・経済のみならず、社会・文化を含めた心と心の触れ合う相互信頼関係を築く。

③　ASEANの連帯と強靭化への自主的努力に、日本は対等な立場で協力し、インドシナ諸国との間に相互理解に基づく関係を醸成し、東南アジア全域の平和と繁栄に寄与する。

③の最後のフレーズは、ヴェトナム戦争後のインドシナ諸国との友好関係の樹立を、日本が今後も追及する意図が含まれている。

さらに、七八年に誕生した大平政権は、アジア・太平洋に協力の輪を広げようとした。これが「環太平洋構想」である。背景には、七三年に、英国がECに加盟したことにより、オーストラリア・ニュージーランドがアジアとの協力強化に乗り出し、日本との協力が進んだことがある。この構想は、当初、東南アジア諸国の植民地支配への警戒心に配慮して、政府が表に出ることなく、民間・学会・経済界の三者の協力を第一とし、第一回の会合をオーストラリアの首都キャンベラで開いた。

日本はASEANを中心に東南アジア外交を進めてきたが、その後、ASEANプラス（日・韓・中・米国・カナダなど）、そして八九年にはAPEC（アジア・太平洋経済協力会議）が発足、さらに、ASEANを中心に九七年、ASEM（アジア欧州会合）が発足した。

日本はASEANを「ドライバー」として、各国の違い（民主化、政治制度、経済の発展段階、文化的基盤など）を踏まえ、制度化を急がず、他国を強制せず、緩やかな自主性を尊重しつつ、機能的に（欧州統合との違い）、アジア・太平洋諸国との協力を進めている。

この間に、日本は、カンボジア和平に尽力した（九二年「国際連合平和維持活動等に関する法律」いわゆるPKO協力法を制定し、自衛隊をカンボジアに派遣した）。

また、日本は、九七、九八年のアジアの経済危機の際にアジア諸国を支援した。その後、東アジア首脳会議（中国、インドを含む）が発足した。

経済的には、日本は、自由貿易協定より経済連携協定を重視し、投資ルール、基準・認証、労働力の移動、知的所有権、食品の安全などについての協定をフィリッピン、シンガポール、マレーシア、インドネシア各国及びASEANと締結した。このような地域協力は、WTOを補完する形になる。

二〇〇九年、政権交代により発足した民主党の鳩山内閣は、東アジア共同体を提唱したが、中国との協力を重視するあまり、日本外交の基軸である同盟国米国との関係の位置づけがあいまいであった。その後、菅首相はこれを否定し、米国は安堵した、という。

戦後の日本と東南アジアの関係を総括すれば、日米関係を基軸にしつつ、戦後の平和主義、経済援助、民主主義の方針の下、アジアの発展に貢献したといえる。

二　日ソ・日ロ関係——北方領土問題

日本とロシア・ソ連との関係は、日本とアジアとの関係と密接にかかわっている。明治、大正、昭和初期は、ロシア・ソ連が伝統的に不凍港を目指し、朝鮮・満州進出の野望を持ち、日本のこの地域への進出と衝突した（日清・日露戦争）。

第二次世界大戦後、ソ連は敗戦した日本の北方領土を占領した。日本は北方四島の返還を果たし、平和条約を締結することを巡って、本格的な協力の基礎を築こうとした。しかし、未だ平和条約は結ばれておらず、不正常な状態である。

冷戦後、ソ連は崩壊しロシア連邦となるが、ロシアは民主主義国家といっても強権的な外交・内政を続けている。現在のロシアは、石油・天然ガスの供給国として極東・アジアでも影響力を強化（二〇〇一年、中国のイニシアティブで上海協力機構を中央アジア諸国と結成し、安全保障と経済協力を進め、また〇五年にはロシア・ASEAN宣言を採択）し、日本とも協力関係を築こうとしている。日本もアジア・太平洋での安定を望む以上、ロシアとの関係強化は必要である。今後は、領土問題を解決し、平和条約を結び、両国関係を発展させていく基礎を築くことが望まれるが、領土問題の解決のためには、基本的にロシアの政権（二〇一二年五月以来プーチン大統領）が北方領土問題を解決する政権基盤を持つに至るか、またロシアの信頼を得る日本の政権ができるかどうかにかかっている。しかし、領土問題は、極めて強いナショナリズムに訴える問題であり、ロシアでは領土を縮小する指導者はもたない。政権がロシア国民を説得できるかどうかである。因みにソ連邦を解体したゴルバチョフは、ロシアでは全く人気がない。

北方領土に関する日本の立場は、次の通りである。

・領土の変更は平和条約で最終的に決める。
・客観的に、歴史的にも、北方領土は日本の領土である。
・ヤルタ協定については、日本は当事者ではない。したがって、日本は拘束されない。
・ポツダム宣言は、「領土不拡大を謳ったカイロ宣言は履行されるべし」としている。
・サンフランシスコ平和条約は、日本が放棄した千島・南樺太がいずれの国に属するかを決めていない。しかも、ソ連は、サンフランシスコ平和条約に署名しておらず、歴史的に日本の領土である千島・南樺太の所属問題を、解決済み、とする発言権はない。

これに対し、ソ連は、領土問題は解決済み、との立場である。

領土問題の歴史をたどってみよう。

一八五五年　日ロ通好条約を締結。そこには明確に「今より後、日本国とロシアとの境は、択捉島とウルップ島との間にあるべし。択捉島は日本に属し、それより北のクリル諸島はロシアに属す」とある。

一八七五年　樺太・千島交換条約により、樺太はロシアに、千島全島は日本に属することになった。

一九〇五年　日露戦争後のポーツマス条約で、南樺太半分も日本領土になった。

（第二次世界大戦中の一九四三年、カイロ宣言に、「連合国は、領土拡張の念を有さず、日本国は暴力および貪欲により奪取したる他の一切の地域より駆逐さるべし」とあるが、樺太も、千島も、択捉以南も日本が暴力によって取得したものではないことは明瞭である。）

一九四五年二月　米・英・ソがヤルタ協定締結。樺太南部はソ連に返還されること、千島列島がソ連に引き渡されることとあるが、日本はヤルタ協定の当事国でないので拘束されない。

一九四五年七月　ポツダム宣言では「カイロ宣言は履行されるべし。日本国の主権は、本州、四国、九州、北海道並びに我らの決定する小諸島に局限せらるべし」とある。
一九四五年八月一五日　第二次世界大戦で日本は降伏、以降、ソ連は北方領土を占領。
一九五二年　サンフランシスコ平和条約（ソ連は条約を調印せず）第二条c「日本国は、千島列島並びにポーツマス条約の結果として主権を獲得した樺太の一部およびこれに近接する諸島に対する全ての権限、および請求権を放棄する」しかし、どの国に放棄するのか記されておらず、ソ連はそもそもこの平和条約に参加していないので、この条約を引用する資格がない、と言える。
一九五六年　鳩山首相（当時）の訪ソ、日ソ共同宣言に署名
「日ソ間の戦争状態を終わらせる
抑留者の釈放と送還
ソ連は、日本の国連加盟を支持する
平和条約締結後、歯舞・色丹を日本に引き渡す」
一九五六年秋　日本は国連に加盟。
一九六〇年　日米安全保障条約が改定。ソ連は、日ソ共同宣言で合意された歯舞群島と色丹島の返還の前提たる、日本領土から全外国軍隊の撤退という条件に反すると表明。

11 日ソ・日ロ関係——北方領土問題

一九七三年秋　日本の田中首相が訪ソし、ブレジネフ書記長と会談。「両国は、未解決の諸問題を解決して平和条約を締結し、真の善隣友好関係を確立する」と宣言した。その際、書記長は、両国の懸案の中に四島の問題が含まれることを確認した。その後、ソ連は日ソ善隣友好条約を提案（領土問題を棚上げして、かつ、日中平和友好条約の反覇権条項を牽制）。

一九七八年　ソ連は田中訪ソの合意を拒否、北方領土での軍備を強化した。

一九八五年　ゴルバチョフ書記長が登場し、新思考外交に転換。ソ連は、北方領土問題を話し合うテーブルについたが、厳しい態度に変化はない。

一九八九年　国後島への墓参が認められた。

一九九一年　ソ連邦は崩壊し、後継国家としてロシア連邦が誕生。

　ロシア側より、北方領土問題に従来より一歩進んだアプローチが見られた。エリティン大統領は「法と正義」に基づき一日も早く領土問題を解決して平和条約の締結をと表明したが、実現しなかった。

一九九七年　クラスノヤルスク合意。「東京宣言（一九九三年訪日したエリティン大統領と細川首相との間で合意された宣言で、国後、択捉、歯舞群島、色丹島の帰属に関する交渉を行い、この問題を解決することにより平和条約を早期に締結するよう交渉を継続。歴史的・法的事実に立脚し、両国の間で合意された諸文書および法と正義の原則を基礎として交渉することに合意した）に基づき、二〇〇〇年までに平和条約を締結するように全力を尽くす」とされた。

一九九八年　エリティン大統領と日本の橋本首相の間で「川奈合意」日本側より、領土問題を解決するための提案（最終的に北方領土問題を解決するために、択捉島の北に国境を画定し、当分の間施政権はロシアが保持する、というアイデア。それ以降領土を返してもらう。）

一九九九年　エリティン大統領が、突然辞任。

二〇〇〇年　ラブロフ外相は、「ソ連の義務には五六年の日ソ共同宣言が含まれる。同宣言は、歯舞群島および色丹島の二島を日本に引き渡し、これにより終止符を打つことを規定している」と表明。日本は、これに対して、日本の立場を説明、交渉は続行されている。

その後、ロシアは、協力関係を強化して、領土問題の解決が可能となる環境を作りたい、と表明しているが、日本側は、経済関係強化だけ先食いされることを警戒しつつ、取り敢えず、両国は、関係強化に同意（液化天然ガスの日本供給のサハリンⅡプロジェクトに調印）している。

ロシアは、天然ガス・原油の輸出で強い立場にあり、日本に対して、サハリンの天然ガス、シベリアの原油を輸出することに関心を有し、中国と日本を天秤にかける姿勢も見られる。

二〇一〇年一一月　ロシアのメドベージェフ大統領が国後島を訪問。その後ロシア政府要人の北方領土訪問が相次ぐ。

二〇一二年六月　メドヴェージェフ（首相）が再び国後島を訪問。北方領土がロシア領であることの既成事実化を促進している。

一二　日本が直面する領土を巡る問題への対処

日本が抱えている領土を巡って、これまで見てきたように三つの国との問題がある。（このことは即「紛争がある」ということにはならない。）

第一は、ロシアとの北方領土問題である。この問題は、日本もロシアも係争中の問題と認めており、戦後長い経緯を経て、現在も「領土問題を解決して、平和条約を締結すべく」、両国間で厳しい交渉を継続している。

第二に、日本の領土であるが、戦後の李承晩ラインの中に取り入れられた竹島（韓国名「独島」）の問題がある。韓国はその後、竹島を実効支配しようとして、様々な構築物を建設し、二〇一二年八月には、韓国大統領が電撃的に訪問している。その背景には、韓国内の大統領選を巡る事情があるようだが、韓国側は、日本政府が従軍慰安婦問題について十分反省していないためなどと主張している。

日本側は、この問題を国際司法裁判所に訴えようと再三検討した模様であるが、韓国側は、「独島」は韓国領であって、日本との間に領土問題はないという態度をとり、この問題を国際司法裁判所に持ち込む日本側の提案に応じていない。国際司法裁判所がこの問題に取りかかるためには、日本・韓国双方の合意があらかじめ必要であるため、これまでのところ日本側の希望は実現していない。日本が一方的に訴える、という手段もないではないが、この場合には、韓国はなぜ提訴に応じないかという理由を国際的に説明しなければならず、日本政府は、日韓友好のために韓国をそういう立場に追い込みたくない、として韓国側の対応の変化を待っている模様である。

第三は、中国との尖閣問題である。

尖閣諸島が、歴史的にも、国際法的にも日本の領土であることは明白である。中国は、国際的にみても危険なほど、あらゆる手段をとって日本を挑発している。中国の狙いは、尖閣諸島の問題を、日中間の紛争問題にすることにある、と考えるべきであろう。日本側は、従来から尖閣諸島は日本の領土であり、日中間に紛争はない、との態度である。中国は「紛争あり」とすることによって、国内の日本批判をあおったり、国際世論に訴えたり、果ては日本が戦後の国際秩序を破壊しようとしているなどと、主張し出している（因みに中国は、国連のことを、連合国の組織とみなし、第二次世界大戦当時の旧敵国の日本やドイツに対する行動は国連憲章違反にならない、とも考えているきらいもある）。

このような中国の挑発に対し、日本は、あくまでも冷静に対応し、中国の主張は国際的にみても誤りであることを、対話を通じて執拗に伝えてゆくことが必要である。政治家も、外交官もそのようなアプローチをとり、それと同時に広く国際世論に、日本の主張を訴えてゆくことが求められる。他方で、日本は、アメリカとの同盟関係を強めると同時に、自らの防衛努力を求められている。

〈参考〉国連海洋法

領土問題に関連して、海洋法について簡単に説明しておきたい。

「海の憲法」と呼ばれる国連海洋法条約が、一九九二年に署名され、日本も一九九四年に批准した。もともと日本にとって重要であったが、海の重要性はさらに増大し、ＥＥＺ（排他的経済水域）を含めると管理権のある日本の面積は世界で六番目（それまでは、世界の六〇番目であった）の広さになる。

Ⅰ　領海

（引き潮時の海岸線即ち、基線から）一二海里を超えない範囲で、ほぼ領土と同じ主権を有する（例外は、「無害通航権」といって、外国船には、沿岸国の平和、秩序、または安全を害しない限り領海を通過する権利を与えなければならない。潜水艦は、浮上の義務がある）。

Ⅱ　接続水域

領海に接続し、基線から二四海里で設定される。関税、出入国管理、衛生の分野で、沿岸国が取り締まる権利を有する。ただし、航海の自由は保障される。

Ⅲ　排他的経済水域（ＥＥＺ）

沿岸国は、基線から二〇〇海里の範囲内で

(a)　天然資源の探査、開発、保存、管理のため、および経済目的その他の探査、開発活動のために主権的権利、

(b)　人工島、海洋構築物の設置、海洋の科学調査、海洋の環境・保全のための管理権、を有する。

ただし、外国は、その水域のその他の利用、特に船舶の航行、上空飛行、海底電線及び海底パイプラインの敷設については、自由な使用の権利がある。沿岸国には、海洋の管理の義務があるし、自国で取りきれない漁業資源については、他国にも与えなければならない。

Ⅳ　大陸棚

陸地から、海に向かってなだらかに傾斜している、領土の自然の延長をたどる大陸周辺部の外淵までが大陸棚と呼ばれる（普通は水深二〇〇メートルの深さ）。ただし、二〇〇海里まで。それ以上自然の延長を主張する際には、三五〇海里までがその国の大陸棚として、国際的な大陸棚限界委員会の承認を得なければならない。

Ⅴ　公海

EEZの外側にある広大な海。
帰属からの自由。航行は自由。この権利は、日本にとって非常に大切である。

VI　深海海底

深海底とその資源は、「人類の共同資産」である。管理・開発のためには、国際海底機構が置かれる。

一三　日本とヨーロッパ

第二次世界大戦後、日本とヨーロッパは互いに復興に忙殺された。ヨーロッパは、安全保障面で、米国などとNATO（北大西洋条約機構）を結成し、西ドイツとフランスは敵対関係を和解に変え、両国を中心にEEC（ヨーロッパ経済共同体）などを結成、ヨーロッパ統合へ歩み始めた。また、西ドイツはソ連・東欧諸国に対しては和解と武力放棄の東方政策を展開した。日本はアジア諸国への戦後賠償始め、戦後処理の問題に集中した。

一九五〇年代、日本は経済復興を通じ、欧米諸国と対等の立場を築き（GATT三五条援用の撤回、IMF八条国への移行）、一九六四年にOECD（経済開発協力機構）に加盟し、先進国の仲間入りを果たした。

　また、日本は常にEECに対しては、外部に対して開かれたものとなるよう呼びかけた。その頃の日本の外交官の仕事は、ヨーロッパとの通商の促進と政治面での協調であった。

　一九七五年に、フランスのジスカール・デスタン大統領の提案で、G7が結成されると、日本は当初からメンバーとなり、先進民主主義国として認知された。このG7参加により、政策調整の広がりが実現した。たとえば、アフリカ、中近東、日本赤軍、ドイツ赤軍派などについての情報交換も活発に行われ、ソ連が配備したSS20（中距離ミサイル）への対応などグローバルな問題も提起された。

　しかし、一九七七年、ダッカでのハイジャック事件における日本の対応（人命は地球より重い）は、直前のドイツの赤軍派への対応とは大きな違いがあり、それぞれの国が置かれた状況により対応に差異があることを示した。

　日本は、一九八〇年代、ECとの間に年一回の首脳定期協議を実施することになった。ECは、九三年のマーストリヒト条約以降EU（ヨーロッパ連合）となり、共通通貨ユーロを導入し、安全保障・共通外交の分野での協力を強化している。二〇〇六年、加盟国は中・東欧諸国を加え二七カ国となった。さらに二〇〇九年末には、EU大統領、外務大臣を決定した。EU全体の人口は四億九〇〇〇万となり、EUは、日本の投資先第一位（三三・七％。アジアは二五％、米国は二六・一％）であり、経済的に重要性を増している。しかし、二〇〇九年以降、ギリシャの債務問題から発したヨーロッパの金融危機は、世界に悪影響を及ぼしている。

また、政治的には、日本は、OSCE（ヨーロッパ安保協力機構）のオブザーバーとして、ヨーロッパの安全保障と協力に、意見を述べている。

ヨーロッパは、外交面でも、日本にとって、世界的な問題（地球温暖化問題等）を協議・協調する相手であり、ヨーロッパも日本を必要としている。ヨーロッパとの協力・協議は、バランスのある対応、均衡のある考え方を形成するのに有用である（例えば、イラク戦争への対応で、フランス、ドイツは米国に批判的であった）。文化的にも、ヨーロッパは、多様性のある文化を有しており、人権問題での経験も豊富である。

最近ではASEM（アジア欧州会合）でも隔年で首脳会議、外相会議があり、こうした機会を利用し、もっと具体的な問題（中国の尖閣諸島の領有権の主張への対応等）について、意見交換、協議を行ってはどうかと考える。

一四 日本と中近東

中近東は、日本の石油輸入高の八九・二％（二〇〇六年）を供給している（サウジアラビア三〇％、アラブ首長国連邦二五・四％、イラン一一・五％、カタール一〇・二％、クエート七・一％）。最近ではオイル・マネーの増加が世界経済に大きな影響力を増し、世界経済にとってGCC（湾岸諸国サウジ、UAE、クエート、オマーン、バーレーン）の比重が増えており、日本のGCCへの投資も増えている。これに呼応して、日本とGCCとのFTA交渉も進んでいる。

日本が、中近東に注目し始めたのは、七〇年代になってからであった。アラブ諸国が七三年秋に石油戦略を発動し、日本は、石油の安定供給のためアラブ諸国との友好に意を用いるようになったのである。

(1) 中東和平

第一次世界大戦後、一九二二年に、オスマン・トルコ帝国が解体し、英国がパレスティナを委任統治した。第二次世界大戦後の一九四七年、パレスティナは、英国の委任統治が終了するに当たり、国際連合総会決議でパレスティナ分割決議（パレスティナの地をユダヤとアラブに分割）が採択された。同決議に基づき、一九四八年、イスラエルが建国されたが、これを認めないアラブ諸国が宣戦布告し、以来四度の中東戦争（一九四八年、一九五六年、一九六七年、一九七三年）が起こった。特に第三次中東戦争の結果、イスラエルは「ヨルダン川西岸、ガザ、ゴラン高原、東エルサレム」を占領するに至った。

問題は、如何にして、イスラエルの安全を確保して、パレスティナ国家との共存と平和を確保するかということであるが、イスラエルに帰還したい難民の存在、イスラエル人が占領地で行っている入植地の建設問題、国際都市エルサレム（イスラエルは一九五〇年にエルサレムを首都と宣言し、国会、政府、最高裁判所はエルサレムに存在する。東エルサレムは住民の約二割がパレスティナ人である）の扱い、国境の確定など問題はざまざまである。

パレスティナ人は、一九八〇年代後半以来、インティファーダーと呼ばれる抵抗運動を展開している。これに対しイスラエルはパレスティナを爆撃している。

イスラエルは、エジプトと平和条約を調印（一九八二年、シナイ半島をエジプトに返還）し、さらに、ヨルダンとも平和条約を締結した（一九九四年、パレスティナ自治開始）。

九三年に至って、イスラエル、PLO、パレスティナ自治の段階的実施などオスロ合意が成立したが、その後、米国のイニシアティブで、中東和平ロード・マップが公表された（二〇〇三年）。それには、パレスティナ側が暴力を停止し、イスラエル側が入植を停止、さらに、パレスティナ人の人道状況を改善し、最終的に、イスラエルと共存するパレスティナ国家を樹立することが、描かれている。

しかしながら、二〇一二年一一月になって、イスラエルとパレスティナのハマスが戦火を交える対立に至っている。

中東和平に対する日本の取組みとしては、①当事者への働きかけ、②パレスティナ支援（日本のパレスティナ支援はオスロ合意以来九億ドル以上）、③信頼醸成、④「平和と繁栄の回廊」構想、パレスティナの経済的自立を目指し「ヨルダン川西岸に農業団地を建設し、西岸からヨルダンを通り湾岸諸国に物流を促進すること」、があげられる。

(2)　アフガニスタン

二〇〇一年一〇月、米国は、九・一一米国同時多発テロの犯人オサマ・ビン・ラディンほかアルカイダを匿ったとして、アフガニスタンのタリバン政権とアルカイダへの攻撃を開始した。そして、一一月、タリバン政権は崩壊した。

同年一二月のボン合意によるプロセスで、カルザイ新政権が発足した。その後、国際治安支援部隊（ISAF）が設立されたが、二〇〇三年以降は、NATOに指揮権が移行し、アフガニスタンの治安を担当していた。二〇一四年にはISAFの任務は終了し、その後アフガニスタンが国内治安を担当し、国際社会はアフガニスタン復興に協力することになっている。

日本は、二〇〇二年一月にアフガニスタン復興支援会議を東京で開催し、これに一四・五億ドルを支援、さらに二〇一二年六月にも、東京でアフガニスタン復興支援会議を日本政府が開催し、一六年までに最低三〇億ドルの援助を支出することにした。

これに先立って日本政府は、テロ対策特別措置法に基づき、二〇〇一年からインド洋において、海上自衛隊を派遣し、（アフガニスタンで活動する国の艦船に対する）補給活動を展開した（二〇一〇年一月まで）。

そのほか、政治プロセス、治安改善などの復興支援を実施しているが、日本は、民生支援の方針を伝え、五年間で五〇億ドルを支出する方針である。

米国はアフガニスタン支援を最重要視している。そして、二〇〇九年一二月に新政策を採用し、二〇一〇年四月までに三万人の増派を決定した。一一年七月からは、撤兵を開始する旨を決定し、さらに、ISAF、米軍は一四年末に撤兵し、治安の責任はアフガニスタンが責任を持つことになる。

しかし、地方は依然として群雄割拠の状態で、二〇〇三年夏ごろからタリバンが再組織化され、米軍ほかへの攻撃を強めているのが現状である。

(3)　イラク

二〇〇三年三月、有志連合の下、米国はイラクに武力介入した。五月には、米国（ブッシュ政権）は対イラク戦争には勝利したが、イラクの政情安定化はいまだ完全ではない。

攻撃を容認する明確な国連安保理決議がないまま、米国が有志連合による戦争を開始した（フランス、ドイツは大量破壊兵器がイラクにないことを主張し、戦争に反対した）ことで、当初より、イラク戦争の正統性に問題があった。

しかし、ともかくフセイン政権は打倒され、二〇〇五年末、イラクでは新政府が樹立された。

米国オバマ政権は、イラクはイラク人に任せ、二〇一一年秋までに米軍を撤退させる考えを表明した。今後は少数の米軍治安顧問団を除き、イラク政府が治安の責任を持つことになった。

日本は、イラク戦争を支持し、イラクのサマワに自衛隊を派遣し後方支援（人道支援、インフラの整備など）、さらに航空自衛隊による輸送支援を実施した。

こうした日本の対応には、九〇、九一年の「小切手外交」に対する反省もある。

⑷ イラン

二〇一一年六月、イランではアフマディネジャド大統領が再選されたが、対立候補ムサビ支持派は選挙に不正があったとして結果を認めず、デモで対抗した。その後も時を見て反対派は、デモをしかけている。

二〇〇二年頃よりイランは原子力開発を活発化したので、原子力の軍事利用に疑惑を抱いた英・仏・米の国連安保理参加国に、ドイツを加えた国々がイランと交渉を開始した。さらに〇八年からはこれに国連安保理のロシア・中国が加わり、イランが核開発を進めているのではないかと懸念を表明し、低濃縮のウラン、なかんずく二〇％濃縮ウランは外国産にすべきと主張しているが、イランは二〇一二年秋までの段階でこれに応じていない。

国連安保理は既に制裁処置を決議しているが、イランの態度に鑑み、さらに厳しい経済制裁を検討している。これに対し、イランは米国などがイランを武力攻撃すれば、原油の輸出路であるホルムズ海峡を封鎖する、と主張している。

また、イランの原子力開発にはイスラエルが強い懸念を有している。イスラエルは八〇年代にイラクに原子力の軍事利用が疑われた時には、イラクのこの施設を軍事攻撃し、破壊している。

日本は、イランに対し、日本の考え方と、国際社会の厳しい見方を伝達し、米国とイランの直接対話を望んでいる。

(5)　アラブの春

二〇一一年になって、チュニジア、エジプトで相次いで政変が起こった。その後、エジプトでは二〇一二年六月、大統領にイスラム急進派に押された候補が当選した。リビアでは二〇一一年一一月にカダフィーが殺害され長期政権は終わったが、国内は依然混沌としている。二〇一二年には、シリアで反対派の暴動が起こり、七月には内戦状態になっている。国連安全保障理事会は米・英・仏とロシア・中国とで意見を異にしており、国連としての一致した対応はできていない。

こうしたアラブ諸国の民主化の動きは、全般として「アラブの春」と呼ばれている。これまで石油の安定供給のために、独裁であってもアラブ世界の安定が望まれてきたが、アラブ世界の政変は、出口なき政変で、政変の後が考慮されていない。その点、冷戦後の中・東欧諸国が、戦争なき欧州、市場経済・人権の保障を目指し着地点としてEUに加盟したのは興味深い。今後のアラブ世界は、少なくとも数年は不透明に推移すると思われる。

一五　日本とアフリカ

冷戦中は、アフリカ諸国の紛争（アンゴラ内戦、ソマリア紛争、エルトリア独立戦争、スーダン南北内戦など）に米ソが介入したが、九〇年代前半、冷戦終結に伴い、アフリカへの国際的関心は低下した。

しかし、西暦二〇〇〇年を境にアフリカの経済成長が顕著になった。一九九八―二〇〇八年の平均成長率は五％であり、二〇〇七年にはOECDの平均成長率が二・五％なのに対し、アフリカは六・九％であった（世界経済危機の影響は免れず、IMFは二〇〇九―一〇年の成長率予測を下方修正。アフリカ：〇九年―二・〇％、一〇年―三・九％、サブアフリカ：〇九年―一・七％、一〇年―三・八％）。一次産品（石油・紅茶・コーヒーなど）の価格上昇、豊富な天然資源（石油、天然ガス、ウランなど）には、中国、インドなども関心を示している。

日本とアフリカの貿易も、二〇〇〇年以降増大し、二〇〇七年には二四〇億ドルにのぼる（アフリカの貿易総額に占める日本の割合は三・一％、日本の貿易総額に占めるアフリカの割合は一・八％）。アフリカへの投資も二〇〇六年以降は増加している。

一方で、アフリカの影の部分も大きな問題になっている。一つは感染症の問題である。世界のＨＩＶ感染者三八七五万人中二四五〇万人（全体の六三・二％）が、サブサハラ・アフリカに集中している（その三一％が南部アフリカ）。

もう一つは、地域紛争・内戦が噴出し、ヨーロッパへの難民が続出していることである。九〇年代半ば以降は収束に向かっているが、スーダンとソマリアでは紛争が続いている。ソマリアでは実効的政府の不在が続き、海賊が増加しており、日本は海上自衛隊を派遣して、これに対応している。

スーダンでは、一九八三年以降、南部のアフリカ系キリスト教徒が分離・独立を要求し、南北の対立が続いている（ダルフール紛争）。この紛争において、二〇万人が殺害され二〇〇万人の難民が発生、こうした劣悪な治安情勢について、スーダン大統領（北部）は国際刑事裁判所に訴追されている。二〇一一年に南部の独立を問う住民投票を実施、同年秋、南スーダンは独立したが、南北スーダンは資源を巡って緊張関係にある。日本は、二〇一二年、国連PKOの一環として自衛隊を派遣している。

近年は、アフリカ支援に対する世界の関心は高まっている。欧米のODA額は顕著な増大を示し、二〇〇五年は「アフリカの年」とされ、グレンイーグルズ・サミットが、さらに、二〇一〇年には、サッカーのワールド・カップが南アフリカで開催された。

日本も、二〇〇八年に第四回アフリカ開発会議を横浜で開催するなど、アフリカ外交を展開している。日本のアフリカ外交の意義としては、

・国際社会全体の繁栄と平和に貢献すること（地球温暖化問題を含む）、
・日本の外交基盤の強化に資すること、
・双方の利益に貢献すること、

があげられる。

こうした支援の一方で、アフリカ自身の自助努力の必要性への認識も高まってきた。一

層高度な政治的・経済的統合を目指し、アフリカ諸国は二〇〇二年、それまでのアフリカ統一機構（OAU）を発展的に改組し、アフリカ連合（AU）を設立した。将来「アフリカ合衆国」形成の動きも見られる。

一六　日本と中南米

中南米の問題はしばしば中南米からの視点で見る必要性がある。典型的な例は、「新大陸の発見」である。ヨーロッパ人から見れば「新大陸発見」でも、中南米から見れば、最初のヨーロッパ人が「来た」のであった。

米国は旧大陸諸国に対抗する気持ちが強く、一九世紀初めに中南米諸国が独立し始めた時、モンロー主義を発してヨーロッパ大陸の干渉を廃し、「新大陸のことは米国に任せるよう」要求した。以来メキシコ以南の中南米を「米国の裏庭」とみる傾向が強く、好むと好まざると政治・経済・文化・社会などの分野で強い影響力を持った。もちろん中南米は、例えば麻薬問題のごとく米国社会に大きな影響を及ぼしているし、移民の大半は中南米からである。

因みに現在の米国の中南米政策は、三つのD（民主主義の確立、経済開発、麻薬の撲滅）といわれる。

必然的に、日本の中南米政策は米国のラ米政策と関係せざるを得ないが、中南米には、日系人が沢山おり、国際社会で発言力を強めている中南米諸国とパートナーシップを強めることは、日本にとって重要である。そのためには、貧困の撲滅・格差の縮小・民主主義の発展などに、日本の経済援助を活用することは有効である。また、資源・食糧の一大供給基地であるこの地域は、日本の経済発展にとって有望な新興市場である。

最近の中南米で注目すべき点は、ブラジル、メキシコなどが世界経済において重要性を増している点である。中南米では、左翼政権が誕生しているが、彼らは反米だけでなく米国との協力も探っている（キューバ、ボリビア、ヴェネズエラなど）。

一七　グローバルな問題への取り組み

(1)　軍　縮

広島・長崎への原爆投下、戦後日本の平和主義、戦争そのものへの嫌悪感、軍縮（特に核軍縮）問題への取り組みは、日本の戦後の在り方、外交にとって大変重要な問題であり続けている。

①　大量破壊兵器と通常兵器

そもそも、軍縮には、核はじめ大量破壊兵器の軍縮と通常兵器の軍縮がある。

因みに、大量破壊兵器とは、核兵器・塩化シアン、サリンなどの化学兵器・ボツリヌス菌などの生物兵器である。核兵器には、大気圏外を飛ぶ戦略核兵器とその運搬手段（大陸間弾道弾、潜水艦発射弾道弾、戦略爆撃機など）、大陸内を飛ぶ戦域核兵器、戦場で使用される戦術核兵器がある。通常兵器には、通常の武器・地雷があり、最近は、ハイ・テクを駆使した、例えばＳＤＩ（戦略ミサイル防衛）などの重要性が増している。

戦争においても残忍な兵器の使用を避けようとする試みは、第一次世界大戦の前後から行われていたが、核兵器の出現以来、人類を悲惨な破壊から守ることがより必要となり、冷戦がすすむに連れて、核軍縮の必要性が深まった。まず、米ソ間の核兵器の制限から始まり、冷戦の終了によって九〇年代になって、始めてその削減が可能になった。

生物兵器の生産・使用・売却の禁止は、七〇年代の初頭に、化学兵器の禁止は一九九〇年代の半ばに条約として結実した。なお、日本には日本軍が第二次世界大戦末期に中国東北部に遺棄してきた「遺棄化学兵器」の問題がある。

地雷禁止条約については、非戦闘員たる一般市民に対し、戦争ないし紛争が終了した後でも無差別な被害を与える悲惨性から、カンボジア紛争以降、特にNGOなどのイニシアティブで禁止が提唱されてきた。一九九六年秋に開かれた地雷禁止のオタワ会議では、地雷を将来削減すべしという結論を出そうとしたが、NPOは「地雷は即座に廃止すべし」と改めて主張し、当時のカナダの外相が地雷の即時廃止を主張し、引き続き議論を継続することになった。日本では、一九九七年春までは、日本の防衛庁はじめ官僚組織は「地雷はまだ必要」としていたが、同年秋、当時の外相が、地雷禁止に前向きになり、禁止に転向した。

② NPT（核不拡散条約）

日本が、軍縮外交を展開する上で重要な要素は、唯一の被爆国、非核三原則、憲法第九条の平和主義、の三点である。

それを確保するために、NPT（核不拡散条約）は重要である。NPTは、一九七〇年三月に発効（日本は七六年に批准）した核兵器の不拡散にとって基本的な国際条約である（条約の目的に日本やドイツの核武装の阻止も含まれる）。

NPT条約の内容は、核兵器国から非核兵器国への核兵器などの委譲の禁止、非核兵器国の核兵器の受領・製造の禁止、である。

NPT体制上、核兵器国とは、米国・ロシア・英国・フランス・中国である。しかし、現在、非締約国のインドとパキスタンは核実験をし、核保有を宣言しているし、イスラエルは宣言していないものの「事実上の核兵器国」といわれる。また、二一世紀になってからは北朝鮮が核実験を強行しており、国際社会の懸念を引き起こしている。

NPT条約は草案の段階で、日本、西ドイツなどの非核兵器国が、非核兵器国の義務だけを規定しており、核兵器国の義務を規定していないと反論し、核兵器国も核軍縮を進める一方、原子力の平和的な利用はいずれの国にとっても権利であると主張した。結局条約には、

・平和目的の原子力の利用は「全ての締約国の奪うことの出来ない権利」、
・核兵器国の核軍縮義務、
・五年ごとの検討会議の開催、

が規定された。

九五年、条約は無期限に延長されたが、NPT体制は大きな試練に直面している。すなわち、非締約国による核兵器の保有あるいは核実験の実施である（九八年のインド、パキスタンの核実験、二〇〇六年の北朝鮮の核実験）。

なお、NPT体制上、IAEA（国際原子力機関）が実施する保障処置（原子力の平和利用にあたりウランやプルトニウム等の核物資が兵器目的に利用されないように立ち入り調査）は重要である。

さらに、二〇〇一年九月一一日の米国同時多発テロ事件以来、非締約国のみならず、テロ組織に核の技術が伝わることを防止することが新たな課題である。

核不拡散に対する日本の取り組みを例示すれば、次のとおりである。

・NPT体制の強化――原子力の平和利用の推進と核兵器国の軍縮努力を慫慂
・国連で毎年究極的核廃絶決議を提出
・核拡散防止セミナーの開催
・ロシアの老朽化核兵器（原子力潜水艦）の解体に協力
・チェルノブイリ原子力発電所の解体に参加

・北朝鮮による核戦力保持に対する六カ国協議への参加

③　ＣＴＢＴ（包括的核実験禁止条約）

次に重要な国際的取決めは、ＣＴＢＴ（包括的核実験禁止条約、一九九六年）である。日本は条約採択と同時に批准した。大多数の国は批准したものの、発効が必要な四四ヵ国のうち、北朝鮮・インド・パキスタン・イラン・イスラエル・中国・米国などが未批准で発効していない。

条約採択は、核実験を抑止する効果もあることに留意する必要がある。実際、一九九六年まで、最盛期には一七八回も核実験が行われていたが、中国、フランスは、ＣＴＢＴ署名後核実験を行っていない。また、インド、パキスタンも核実験のモラトリウムを実施している。それだけに北朝鮮が三回にもわたって核実験を実施したのは一層遺憾である。日本は、条約の早期発効を働きかけるとともに、国際監視制度の整備に努力している（地震観測に関する高い技術を活用して途上国に技術援助）。

次の目標は、核分裂物資生産禁止条約（カット・オフ条約）の促進である。これは、兵器用核分裂物資（兵器用高濃縮ウラン及びプルトニウム）の生産禁止で、これにより、新たな核兵器国の出現を防ぎ、核兵器生産を制限することを目的とする。

二〇〇九年四月のオバマ米国大統領のプラハ演説（「核兵器のない世界」を目指す）で、CTBTの早期発効、カット・オフ条約の交渉開始に希望が出てきた。二〇一〇年四月の核安全保障会議（二〇一二年四月にも続行）、同年五月のNPT再検討会議が重要である。

その他、地域の核不拡散推進（朝鮮半島の非核化、イランの核開発防止、パキスタン・インドの核保有）、福島原発事故後の原子力発電の問題がある。

〈参考〉世界の軍縮の推移

・SALT（Strategic Arms Limitation Talk）――七〇年代、米ソ間

・START（Strategic Arms Reduction Treaty）――冷戦終了後、米ロ間。大陸間弾道ミサイル（ICBM）、潜水艦発射弾道ミサイル（SLBM）、重爆撃機の削減。

STARTIでは、運搬手段の総数を一六〇〇基に、配備される核弾頭の総数を六〇〇〇発に削減。

・STARTII――二〇〇九年一二月以降の新たな条約について米ロ間で交渉、批准され

た。ホワイトハウスの二〇一〇年三月末の発表では、両国とも配備弾道弾一五五〇、運搬手段八〇〇、検証手段確保。SDIには触れられず。

・核兵器国の核弾頭保有数（スウェーデン戦略研究所資料による）

米　国：五〇四五（二〇一〇年五月のNPT検討会議において、米国政府は自国の保有数が五一一三個であることを明かした）、

ロシア：五六一四

英　国：一六〇

フランス：三四八

中　国：一四五

今後は、中国・フランス・英国の核兵器も削減すべきだとの声も高まるだろう。

(2)　環境問題

環境問題としては、国境を越えて隣国の環境を損害することがまず注目された。例えば、一九四一年、カナダのトレイル溶鉱炉から出る亜硫酸ガスの、米国へ及ぼす被害が問題となった。

日本では、七〇年代の初め、光化学スモック、河川の汚水などの公害が問題となった。国際的には資源の有限性が指摘され（一九七二年ローマ・クラブ報告書）、国連で、ストックホルム宣言が出されて、「環境」そのものが保護の対象になった。また、環境汚染の広域化も問題になり（チェルノブイリ原子力発電所の事故）、生態系、地球環境に深刻な事態を及ぼすことが懸念された。

大量生産、大量消費、大気汚染などによって引き起こされる環境問題は、一国の人間の健康だけでなく、世界的な生態系、気候系の破壊といった深刻な問題を引き起こしている。地球環境の保護は、全ての国の共通認識と共同歩調を必要としている。

しかし、環境の保護は、「開発」（経済発展）と対抗するところがあり、この問題が、先進国と新興国・発展途上国との対立点となっていった（「共通だが差異ある責任」の所在）。

① 国連人間環境会議

国連初の環境会議は、一九七二年、ストックホルムで開かれた国連人間環境会議であった。そこでは、自国が管轄または管理する活動が、他国の環境または自国の範囲外の地域の環境に損害を与えないよう確保する責任を有する、とされた。そして、八〇年代には、

「持続可能な開発」、即ち、経済開発と環境保護の調和が必要とされた。

さらに、一九九二年、リオ・デジャネイロで開かれた国連主催のサミットで採択されたリオ宣言において、ストックホルム宣言を確認し、「環境」そのものが保護されるべき対象となり、同年「気候変動枠組み条約」が採択された。

このように、地球環境の損害は、加害国・被害国の区別なく全地球的に取り組む必要性が認識されるようになった。そして「持続可能な開発」は、ＥＣ条約やＷＴＯ協定にも取り込まれた。

地球環境保護のための国際的取決めの原則は、次の通りである。

・世代間の公平の原則——現代の世代は将来の世代に責任を負うものであって、将来世代の需要を損なうことなしに現世代の需要を満たすこと
・予防原則——重大または回復不能な環境損害の恐れがあるときは、そのための予防処置をとる必要があること
・共通だが差異ある責任原則
・天然資源の持続的利用の確保義務の原則
・グッドガバナンスの原則

・人間の社会的・経済的・環境上の目的との統合の原則

② 京都議定書

気候変動枠組み条約第三回締約国会議（COP3。一九九七年、京都で開催）では、具体的な地球温暖化ガスの削減目標（二〇一二年まで）を義務付けた京都議定書を採択した。すなわち、規制対象ガスを特定化し、その削減・抑制のための具体的数値目標を定めた。たとえば、一九九〇年比日本は六％、EUは八％を二〇一二年までに削減する義務がある。

しかし、温暖化ガス排出量の四〇％以上を占めている米国と中国が京都議定書に入っていない。そこで、二〇一三年以降二〇二〇年までの削減（家庭や産業の自助努力などによる国内排出量の削減、森林などでの二酸化炭素削減、海外からの排出分購入）について、二〇一一年一二月に南アフリカ会議が行われたが、先進国・途上国の対立のため合意できなかった。

まずは、地球の平均気温を産業革命時から二度の上昇に抑えることが重要である。日本は、二〇二〇年には九〇年比二五％削減を表明している（二〇〇九年当時の鳩山首相の国連演説）が、二〇一一年三月一一日に起こった東日本大震災で、東京電力福島第一原子力発電所が事故を起こし、これまで通りの原子力発電の継続が難しくなっている。これは、日本の掲げた目標の実現が難しくなったことを意味する。

今後は、京都議定書の内容をどのようにして維持してゆくのか、また、二〇二〇年以降の目標を巡って（特に温暖化ガスの大量放出国である米国、中国などの主要国を巻き込んで）国際的議論が始まるであろう。

(3)　国連と戦争違法化の動き

そもそも国際関係に重要なことは、いかにして紛争や戦争を防ぐかにあるといっても過言ではない。

伝統的に長い間、戦争は国家の最後の手段として公認されてきた。しかし、二〇世紀になり、まず、一般市民を巻き込むような、また残酷過ぎる武器の使用を制限する動き（例えば、毒ガス兵器の使用禁止）がでてきた。また戦争開始手続についての国際的条約ができた（一九〇七年陸戦に関するハーグ条約）。

①　国際連盟

二〇世紀になって、若干の条件のもとに紛争の平和的解決義務が課され、戦争が一般的に禁止された。国際連盟規約では、「国交断絶の懼れある紛争」は国際調停に委ね、仲裁裁判の判決後、三カ月は戦争に訴えないこととされた。また、連盟理事会の全会一致の報告書が出た場合には、その報告に従う加盟国は戦争に訴えてはならない、と決められていた。

しかし、国際連盟には、当初から米国・ソ連が入っておらず、ドイツも敗戦国として当初加盟を認められず、世界的な強力な機構とは言えなかった。

また、加盟国が侵略を阻止する決議を連盟が採択することは想定できなかった。決議が採択されても、経済制裁が主で、その内容は、各国に任されていた。この結果、イタリアのエチオピア侵攻の際、英国はイタリアに対して石油禁輸の制裁は取らなかった。

②　不戦条約

欧州では第一次世界大戦の混乱が終わったころ、楽観主義が横溢した。一九二五年のロカルノ条約、一九二八年の不戦条約（パリ条約。日本も加盟）では、戦争を一般的に禁止したが、自衛権を主張したり、戦争に至らない武力行使の正統性の余地（日本は満州事変は、戦争ではないと主張した）が残された。最後の手段として戦争は禁止されなかったのである。

③　国際連合

一九四一年、英国のチャーチル首相、米国のルーズベルト大統領は大西洋上で会談し、戦後の国際協力について話し合った。この大西洋憲章によって戦後、勝者もなく敗者もなく平等に協力することが合意されていた。そして、一九四五年、ワシントン郊外のダンバートン・オークス会議での協議を経て、同年秋にサンフランシスコ会議において国際連合が発足した。

国際連合憲章では、戦争のみならず、武力行使や武力による威嚇が禁止された。一方、個別的・集団的自衛権（国連軍が結成されることが現実に困難であり、加盟国は地域あるいは二国間で取り決めを結び、国連軍が来るまでの間、自国または同盟諸国の安全を守る）は明示的に認められた。また、国際連盟の反省から、大国すべてが国際連合に参加するとともに、これら大国には、安全保障理事会の常任理事国の地位が与えられた。実効性の観点から、この五大国（米・ロ・中・英・仏）が反対せず、安全保障理事会メンバーの内（全部で一五）九票が賛成し、決議が成立すれば、国連の全加盟国を拘束することになった（もっとも、国連憲章では、加盟国の主権は平等・独立といいながら五大国には特権的な地位が与えられている）。しかし、五大国の利害が一致することは非常に難しく（特に冷戦時代）、一時は、国連総会の機能を強化して戦争拡大を阻止する試みもなされたが（五〇年代の「平和のための結集決議」）、十分に戦争ないし紛争が阻止されたわけではない。国連体制下では、確かに大国間の戦争は避けられたが、小国間の戦争、国内の武力紛争は避けられなかった。

ただし、「平和の脅威ないし平和の破壊もしくは侵略行為」に出る当事国には、国連（安保理）の決定や、二次的に総会が勧告することによって非軍事的あるいは軍事的な処置を加盟国に命令または勧告することができる。

最近注目されるのは、国連の平和維持機能（ＰＫＯ）である。ＰＫＯは、三つの原則（紛争当事国の同意、公平性、武器の不使用）のもとに、国連から授権・派遣された部隊または複数の国の機関が、紛争当事国間に入って、平和を維持し、紛争の拡大を防ぐ機能がある。ここに、国連が、戦争ないし紛争を防止し、小規模化・短期化する努力が見られる。

また、国連には安保理の決議に至らないまでも、加盟国が話し合い意思疎通する機能があり、これにも紛争を避ける上で意義があろう。それには、国連に対する信頼が必要であり、多数国主義が重要である。

しかし、安保理常任理事国が当事者である紛争・戦争は阻止できていないのが現状である。また、現代の国際平和に貢献しているのは、国連安全保障理事会の国々だけではなく、日本・ブラジル・ドイツ・インドなどの国である。

④　国連改革

冷戦中は、米ソの対立のために、安保理は有効に機能しなかった。七〇年代から八〇年代にかけて開発途上国は数の優位を背景に国連の諸機関、例えば、ＩＬＯ（国際労働機関）やユネスコなどで、本来の機関の任務とは違う主張をして（例えば、ＩＬＯによるＩＣＪ〔国際司法裁判所〕の核兵器使用に関する勧告的意見）、米国などの脱退を惹起した。米国は、国連改革と称して、これらの機関から脱退し、さらに事務局の人事政策を批判した（その後、米国はユネスコに復帰）。

冷戦後は、特に湾岸戦争で国連安保理が授権したことにより、米国主導の多国籍軍の派遣が可能になり、米国なども国連の有用性を再確認した。

また、国連も成立以来六〇年以上が経ち、加盟国も当初の五一ヵ国から一九〇ヵ国以上になり、その役割も開発援助、環境など新たなものに拡大した。このような国連の現状に鑑み、国連改革の必要性が高まっている。特に、主権の平等性と国連の機能強化が問われている。

そこで、九〇年代以降、安保理改革を中心に国連改革について活発に議論されるようになった。特に、国連の普遍性・平等性の確保と機能の効率化が焦点である。その観点から、常任理事国と非常任理事国の双方の拡大と、拒否権の扱いに関する安全保障理事会の改革が論点となっている。

しかし、どの国連改革案も、国連憲章改正を必要とし、そのためには安保理常任理事国が反対せず、非常任理事国一五票のうち九票が賛成に回る必要がある。ここに、安保理改革の難しさがある。

日本は、安保理常任理事国入りを、ドイツ、インド、ブラジルと共に目指した（G４決議案）。しかし、日本の常任理事国入りには中国が、ドイツの常任理事国入りにはイタリアが、インドにはパキスタンが、ブラジルにはアルゼンチンとメキシコが反対した。こうして、二〇〇五年のG４決議案の国連総会提出は幻に終わった。国際社会での日本の比重

（特に日本のＯＤＡの減少）を勘案すると、時間が経つほどは、日本の常任理事国入りは不利になっているのではないか、と感じる。

私見では、日本としては、拒否権なしの、再選可能な非常任理事国（現在、非常任理事国は二年ごとに行われる選挙で当選しなければならず、また引き続いての再選ができない）入りを提案したらどうかと思う。

(4)　日本の政府開発援助

政府開発援助（ＯＤＡ：Official Development Aid）とは、東アジアはじめ開発途上国における持続的な経済成長や貧困撲滅等、人々の生活の向上に貢献するために、国民の税金から一定の資金を外国に提供することである。

日本は一九五四年より、開発途上国への援助を開始した。

ＯＤＡには、有償の資金援助（借款、すなわち低金利の貸し付け）、無償の援助（贈与、技術援助）、さらに水産無償、文化無償、小規模の草の根無償がある。

日本のＯＤＡを数値でみると、ＯＤＡ実績の内訳は、二国間援助が七一・二％、国際機関を通ずる援助が二八・八％（二〇〇八年）であった。

地域別配分は、一九七〇年にはアジア九五％、中東三・五％、アフリカ二％であったが、二〇〇八年にはアジア一五・五％、中東三四・二％、アフリカ二〇・一％、中南米三・九％、大洋州一・一％、ヨーロッパ二・二％、その他二三・一％となっている。

二〇〇九年度の政府開発援助を一般会計予算でみると、贈与五四四九億円（二国間四六〇七億円、そのうち技術協力二九〇四億円、国際機関への出資・拠出八四二億円）、借款一二七三億円、である。

政府開発援助の当初予算の推移をみると、一九九七年を一〇〇（一兆一六八七億円）とすると二〇〇九年度は五八（六七二二億円）になっている。

日本のODAの目的は、国際社会の平和と発展に貢献し、これを通じて日本の平和と発展にも資することであり、外交の重要な手段でもある。そして特に、東アジアをはじめとする開発途上国の経済社会の発展（インフラの整備、人材の育成など）に貢献してきた（アジアの発展は、日本の援助政策の成功例といわれる）。

実際、二〇〇三年の政府開発援助大綱をみると、以下のようになっている。

〈目的〉

国際社会の平和と発展に貢献し、これを通じてわが国の安全と繁栄に貢献すること。

17　グローバルな問題への取り組み

アジアにおける最初の援助国としての経験を生かし、開発途上国の経済社会基盤や人材育成、制度構築に貢献すること。

冷戦後、グローバル化する中で、国際社会の貧富の格差、民族・宗教対立、紛争、テロ、人権の抑圧、最近では、環境問題、感染症、男女の格差などが複雑に絡み合っているので、わが国は、これらの問題に取り組んでいく必要がある。

国際社会の相互依存関係が進む中で、国際貿易の恩恵を享受し、資源・エネルギー食料などを大きく海外に依存しているわが国にとっては、政府開発援助を通じて開発途上国の発展と繁栄に貢献することが今後とも必要である。

〈基本的方針〉

開発途上国の自助努力支援

「人間の安全保障」の視点が重要――個々の人間の保護と能力強化の視点から

公平性の確保――社会的弱者の救済、男女共同参画の推進など

日本の経験と知見の活用――日本の経済社会の発展と経済協力の経験を生かすこと

国際社会との協調と連携を計る――他国、国際機関、NGO、民間企業との協力・連携

〈最近の重点事項〉
貧困の撲滅
持続的成長
地球的規模の問題への取り組み（地球環境、感染症対策など）
平和の構築（難民支援、和平プロセスの促進など）
〈最近の重点地域〉
アジア、南アジア、アフリカ、中東、中南米、大洋州
アフガニスタンへの民生支援（治安維持能力の向上、インフラ整備、教育、保健分野。二〇〇九年より五年間で、最大限五〇億ドル、二〇一二年より二〇一六年まで少なくとも三〇億ドルを援助）。
パキスタン
なお、七〇年代後半、日本は戦略援助という考え方をODAの中に取り入れ、紛争周辺国（例えば、トルコ、パキスタン、タイなど隣接地域の紛争によって大量の難民が押し寄せる国）への援助も取り入れてきた。
一九八九年のODA実績で、DAC（OECDの中の開発援助委員会）諸国で一位になっ

て以来、日本のODAは下がりつづけ、二〇〇九年実績では米国、ドイツ、フランス、英国に次いで第五位となっている。また、ODAの対GNP比はDAC諸国で、二二カ国中第二〇位（〇・一七％）となっている。ODAはわが国の外交政策にとっては引き続き重要であるが、ODAが実質的に低下する中で、わが国の技術力を生かし、民間企業との協力やグローバルな援助の促進が必要であろう。

総じてODAを中心とする日本の開発援助は開発途上国をはじめ国際社会から高く評価されてきた。そのことが、二〇一一年三月一一日の東日本大震災の際に、かくも多くの国々から援助が申し出された背景にあったと思われる。

Ⅲ　ユーロ危機とＥＵ（ヨーロッパ連合）の現状

ユーロ危機は、ヨーロッパ金融危機となり、世界経済にも悪影響を及ぼしている。

二〇一〇年春にこの問題が発生して以来、ＥＵは財政困難に陥ったユーロ加盟国に対して様々な救済策（例えば、欧州安定化基金（ＥＦＳＦ）の創設、欧州中央銀行による国債の購入、ＩＭＦや加盟国などによるギリシャ援助）を講じてきたが、二〇一二年一二月の欧州理事会において、ギリシャへの融資再開、欧州中央銀行を中心とするＥＵ銀行監督の一元化、ＥＭＳ（欧州安定化メカニズム）より銀行への直接資本注入などの工程表に合意した模様で、ユーロ危機は一息ついた、と言われる。しかし、ヨーロッパ統合に向けての共通経済政策のもう一つの柱といわれる財政政策の共通化については進んでおらず、統合の最終目的とされる政治同盟はまだまだ先の話である。ユーロ圏とそれ以外のＥＵ諸国（その筆頭は英国）の齟齬を克服する課題もあろう。

そこで、ノーベル平和賞がＥＵに授与された機会に、ＥＵの現状について、あるドイツ人法学教授の見解を紹介したい。以下は、チュービンゲン大学名誉教授で法学博士のオッパーマン教授が二〇一二年一〇月にドイツ法律学会に寄せた論文である（訳は筆者）。

間もなく三年になろうとしているEUの債務・通貨危機の真っ只中にあって、この状態を手短かに説明しようとしても、不可能な数学の問題を解けと言われるようなもので、それは非常に難しい課題である。この問題については、公式の、法的な、学問上の、あるいは、ジャーナリズムの資料が日に日に山と積まれていく。まるで、「すべては既に述べられている。しかし、まだすべてではない」と言っているようである。

こういう状態で、私は日々の議論の陰で妖怪のように危機が「解決」に向かってうごめく、よく言えば、ゆっくりと鎮静化する中で、三つの問題についてお話ししたいと思っている。その場合、特にヨーロッパ法の役割及び限界を考慮したい、と思っている。

まず最初にして特に重要なことは、ユーロの「救済政策」という政策の問題である。「救済政策」とは、二〇一〇年五月以来の、ギリシャ支援のためのEFSM及びEMSや財政協定のことである。その際、私はドイツ連邦憲法裁判所の判決を脇に置き、ヨーロッパ法・ヨーロッパ政治の展望に集中したい。第二に、救済政策が成功した暁に必然的になる「実際的な経済・通貨同盟」につながる展望について触れてみたい。多くの人々は、政治同盟にさえ言及している。三番目に、ユーロゾーンの崩壊とEUの後退という驚愕のシナリオについて目をつぶるわけにはゆかない。

これらの三つの場合に言及する前に、第四の「急進的な選択肢」について言及しておくことは、教訓的であろう。それは、二〇一〇年春にこの危機が発生し、それに飲み込まれてしまったであろう状況である。その処置は時として「破産解決」と呼ばれている。このような政策は、「昨日の雪」と言われており、その代わりに救済政策が選択されたが、この記憶は、特にヨーロッパ法に鑑みて重要である。

一　昨日の雪：破産解決

破産解決は、時々経済界から提唱された。なぜ、支払不能に陥ろうとする国家に対しては、私人の債務者に比べて柔軟に対処しようとするのか、という疑問が出た。このような解決は、破産にとってデモクレスの剣のような危険がある。しかし、もしもEU、EZB（欧州中央銀行）、IWF（国際金融機関）、それにEU加盟国が二〇一〇年春にギリシャを援助することなく放置していたら、どんなことが起こっていただろうか？　ＥＵ法的には、このような態度は、ＥＵ基本条約上の「no bail out」（訳者注：「援助してはならない、という原則」）の維持に合致していたであろう。やがてギリシャが陥ったであろう破産に賛成する人々は、私人の経済のように破産「清算」を期待していたであろう。「悲惨状態」は、初期に経験すれば耐えることができる、と言われる。最悪の事態がその時即座に起こっていれば、今日ギリシャはより良い状態になっていたであろう、というのである。アテネを破産させる政策は、本来の「責任者」、すなわち、以前のギリシャ政権の経済・金融政策、高い儲けを見込んで大々的にアテネ政府の国債を購入した銀行やその他の私的及び公的な債権者たちにツケを払わせたであろう。ギリシャは弱体化した状態で、ユーロゾーンに留まって、「きれいな状態」でマーシャル計画に似た援助を得て、新たな出発を試みていたであろう。ギリシャ国家の破産は、ユーロゾーンの中で安易な金融政策を継続しようとしている他の国家に対する、効果的な抑制効果を持ったであろう。そして、共通通貨がそれなりに安定化したであろう。これは、今日の規範的な財政条約よりも効果的かもしれない。この財政条約に関しては、節約処置に直面して怒り狂った民衆が激しく抗議しているのが常である。数十億ユーロに上る救済の傘や問題のあるＥＺＢによる国債の購入は、一貫した破産解決をとっていれば、全く必要ではなかったかもしれない。

しかしながら、ギリシャを破産させる政治的余地は、多くの理由から全くチャンスがなかった。「ふらふらしている」他のユーロゾーンの国への連鎖反応も怖かったし、二〇〇八年に起こったリーマン・ブラザーズの破端から発した一般的な国債取引に対する信頼危機への懸念も支配的であった。それに加えて、EU加盟国の、銀行やその他の債権者たちへの考慮もあった。政治上、ヨーロッパの多くから、EUの連帯の原則が示唆された。

しかしながら、今日、二〇一〇年五月にヨーロッパ法に沿った救済政策という選択肢があったことを思い出すのも意味のあることである。救済政策が、EU条約の no bail out 原則に合致しているかどうかについては、今日まで盛んに議論されてきている。一連のドイツの法律学者たちは、no bail out 原則に反している、という意見である。他の学者たち、および、EU委員会の法律委員ヴィヴィアン・レディングは、ミュンヘンでの法学者の集まりにおいて、国家の義務としてでなく、自発的な支援ならば、これを肯んじている。私自身は、この処置は、EU法に反していない、という意見である。ドイツ連邦憲法裁判所は、救済処置はいくつかの決定において、これまでのところ憲法違反という崖っぷちからは、まだ数ミリメートル手前にあるという意見を表明している。

たとえ、救済政策がヨーロッパ法の中心的要請から明確に離れていることはないといっても、破産解決という選択肢もあったということを振り返ると、一九九三年のドイツ連邦裁判所のカールスルーエ判決にいう疑いのない安定性の共同体という欧州通貨同盟が、ユーロを是が非でも守るという責任を引き受ける（「債務を負う」）連合にほとんどなってしまったということを示している。その前提として、ヨーロッパ法という規範が根本的に質的変化をもたらしているのではないか、ということである。そこでこの問題について申し上げたい。

二　救済政策

ギリシャに次いで、二〇一〇年以来、現実にユーロ危機に陥っているか、その恐れがある国のリストが燎原の火のように広がった。アイルランド、ポルトガル、スペイン、キプロス、スロヴェニアがそうであり、そしてイタリアも話題になっている。EUは国家の債務危機・通貨危機に陥っており、その深刻さは、これまでのヨーロッパ統合が直面した困難と比較にならないほどである。その原因は、自ら設定したヨーロッパ法の原則、通貨同盟に加盟させるときの目標、あるいは安定・成長条約の適用にあたっての目標を尊重しなかったことにある。

一七カ国のユーロ諸国は、危機を所謂「救済の傘」を設立することによって克服しようとした。すなわち、苦悩にあえいでいる加盟国に対して、改革を約束させることと引き換えに信用を供与すべく、保証付きの金融機構を設立することである。救済の傘の規模は何度も拡大された。二〇一〇年の最初のギリシャ支援は一一〇〇億ユーロであったが、間もなくプライヴェートの債務の五〇％削減が実施された。引き続きできた最初の「傘」である欧州金融安定化基金（EFSF）は、四四〇〇億ユーロで始まり、その規模は後に拡大された。数週間遅れて発効した「火災延焼防止壁」たる最終的な欧州安定化メカニズム（ESM）の規模は、五〇〇〇―七〇〇〇億ユーロと見積もられ、その規模の「歩留まり」は、二兆ユーロになるとの記事も見られる。このメカニズムは、国際的な金融スペキュレーションを最終的に抑えるべきものとされる。ドイツは、EU最大の経済力を有する国として、この眩暈がするほどの高額支援の二七％を負担することになる。

救済政策の第二の柱は、フランクフルトに本部を置くEZB（欧州中央銀行）が担っている。EZBは、二〇一〇年に、短期間、紙幣の増刷によって真水を放出することで危機に面した国（特にギリシャ）の国債を買いあさった。EZBは、こうしてこれまでに二〇〇〇億ユーロのポートフォリオを有することになる。二〇一二年半ばに、EZBは、金融市場を鎮静化するため、さらに無制限に短期の国債を金融市場で購入する用意のあることを明らかにした。この間、EZBは物価安定の維持という使命の枠内で活動しているのかという点について、盛んに議論が行われている。

数年間にわたる救済政策であるが、これまでのところ、既に危機に陥っているか、脅威にさらされている国をユーロ危機から抜け出させることは出来ないでいる。これらの加盟国は従来通り債務超過にある。単に、救済基金と欧州中央銀行が、従来の債権者に代わっただけである。救済政策の核心は、危機に面している国に必要な時間を与え、彼らに課された改革を実行させ、自由な資本市場で国債を発行し、長期的に債務を脱却できるよう、再び金融的に独立させることである。二五カ国のEU国家（英国とチェコを除く）は、所謂財政条約を採用し、特にいわゆる「赤字の抑制」を導入することにより財政を永続的に規律あるものとするよう自己を義務づけた。

救済政策の基本的な問題は、EU域内がこれ以上分裂しないか、ユーロゾーンとEU全体の間に亀裂が入らないか、ということである。EFSFとESMは一七カ国の国際法に則った条約で作られた。リスボン条約の枠外でである。財政条約も同様にEU加盟国の内の二五カ国の間で結ばれた固有の条約である。伝統的なヨーロッパ法と「特別の法」の関係及び性質については、説明しようとする試みにもかかわらずこれまでのところはっきりしない。また、このことは、財政協定を、所謂「六つの命令」によって強化しようとする、EU改革によっても決定的に変わるわけではない。ユーロゾーンの国家及び政府首脳は、「ユーロ首脳会議」として危機の絶対的な決定者となり、伝統的な閣僚理事会、委員会そして欧州議会という協力の枠組みに取って代わってしまった。特別な法の民主主義的な正統性は、欧州議会ではなく、加盟各国の議会による批准によっている。このように進行しつつある古典的なEU法の解体は、EU法共同体およびヨーロッパ統合の核心に触れざるを得ない。

三　「実際の」経済・通貨同盟

これまでの救済政策が不十分であったことは、参加者も認めるところである。たとえ、数年間危機に面した国が財政規律に成功したにせよ、通貨同盟の安定性への信頼を生むことはできない。さらに、ユーロゾーンにユーロボンドを導入せよとか、債務を保証する基金を作れとか、或いはヨーロッパの銀行の自己資金を共同体化してそれを安定化せよ、などの提案があるが、これらの提案は、ドイツを始めとする通貨保守主義国の即座の抵抗にあっている。このような抵抗の背景には、「実際の」経済・通貨同盟が、危機の際には責任を負わせられ、債務同盟になってしまうのではないか、という見方が増えていることがある。それは、ブラッセルの力が強大になり、加盟国の財政を彼らがコントロールして、その経済政策にも介入し、ユーロゾーンを銀行同盟にする前提を作ってしまうのではないか、という疑問である。他の言葉でいえば、部分的な連邦化によって、これまで足りなかった経済・財政政策の通貨同盟化が促進されるのではないか、というのである。ギド・ヴェスターヴェレ（訳者注：ドイツの外相）によって設立された一一名の外相たちの「未来グループ」は、それを超えて、――多くの著名な声のように――マーストリヒト以来警告されてきたヨーロッパ合衆国の政治同盟を提案している。これらのヴェスターヴェレ・グループの提案は、ファン・ロンパイ（EU首脳会議議長）、バローソ（EU委員長）、ドラギ（欧州中央銀行総裁）、ユンカー（ユーロ・グループ議長）で構成される公式の改革グループに提示され、二〇一二年一二月半ばに予定されるユーロゾーンの首脳会議を通して、年末までに報告書が提出される。この四人のグループの構想は、次の基本的な連合改革の重要な要素となるだろう。

連邦化された経済・通貨同盟は、より統合された、最終的な「救済」といえば聞こえはいい。しかし、この実現は見渡す限り容易ではない。まず、このようなEUの「大きな改革」は、EUの中の一七ヵ国のユーロゾーンで行われるのか、それとも全EUで行われるべきか、という問題がある。大英帝国及びユーロゾーン以外のEU加盟国にとっては実際上問題外であろう。ユーロゾーンの国にとっても、ルビコン川を超えるという決断は簡単にはできないであろう。国家の予算権限に触れることは、ドイツにおいても連邦憲法裁判所の基本法に関することで、一九九三年のマーストリヒト判決や本年（二〇一二年）九月一二日の判決に照らしても「赤いライン」を超え、主権の放棄につながろう。フランスのような国でも、おそらく、裁判所の判決を待つまでもなく、同様の結論になろう。フランスやオランダは既に二〇〇五年控えめな憲法条約の採択さえ拒んだのに、一体どの国が大いなる憲法改正に国民の多数を得ることが出来ようか？　安定を志向するドイツやその他のグループは、同時に、ヨーロッパのブラッセルの経済・通貨政策がどのようにして組織化され、誰が最終的に決定するのかに頭を悩ますのかもしれない。しかし、「大きな改革」

に大変な困難が伴うだろうことを想像することは、何もユーロ懐疑派になる必要もないだろう。

四　恐怖の終焉

三年間にわたるユーロ危機が、どうなるかはわからない。最後のシナリオとして、ユーロゾーンが崩壊して、国民通貨に戻るという、「救済政策」の失敗というシナリオがある。条約上は予定されていないが、実際問題としてあり得るだろう、ギリシャのような小さな加盟国の共通通貨からの離脱・追放は、多くの不確定要素にも拘らず、必然的にユーロの終焉を意味するものではない。もちろんより大きな加盟国の崩壊は、支払不能の規模からいっておそらく別の結果が生じよう。よしんば、大きな再保証会社のミュニヒ・レが予告したようなユーロの失敗を人々は期待していないが、そのような場合を考えておかねばならない。九〇年代に政治同盟なしに通貨同盟を導入したことはヨーロッパ政策上の歴史的失敗であったとみている人々も、今日、ユーロ圏が崩壊することを望んでいないであろう。ユーロは今や現に存在するのである。あらゆる専門家の予告や意見でも、共通通貨の終焉は最悪のケースであり、経済・財政的にも、かつ精神的にもすべての参加者たちにとってカタストロフィーである。「ユーロが失敗に終われば、ヨーロッパが全体として失敗に終わる」というドイツ連邦宰相メルケルの有名な言葉についてあれこれ憶測する必要はないだろう。仮にEUが強力で、マーストリヒト以前の状態に戻ることが出来ても、ユーロが失敗に終わった政治的、金融的、経済的及び社会的コストは非常に高く、時間的にも評価が難しい。それゆえにこそユーロ加盟諸国はともに協力して、ある程度のインフレという犠牲を払っても、通貨同盟を維持しなければならない。

五　危機の費用とチャンス

ユーロ危機のこれまでの三年間はEUに大きな変更をもたらした。ヨーロッパ法もその例外ではない。

危機の犠牲の一つに、二〇一〇年以来ヨーロッパ法に対して寛大に臨んできたヨーロッパ統合の古典的あり方が変わってきたことがあげられる。強制されることなく、すべての加盟国から敬意をもって運用されてきた規範を伴った法の共同体は、二〇一二年以来の

no bail out 原則に見られるように、すでに九〇年代の安定化・成長条約の実際的な適用の時から、法律の適用にあたって政治的考慮が働く、というふうに変わってきた。このことに関係して、EU域内の各国の法律に対するメンタリティーの違いがよく指摘されてきた。「法律は、政治の表現である」というフランス人の言葉があるが、他方、ドイツでは、最近の歴史的な経験を踏まえて、「法律とは最高の権威である」と言われている。いずれにしても、最近では、ヨーロッパ法という意味では、重要な決定に際して、政治的経済的要請によって柔軟に対処されてきている、ということである。疑問ではあるが、幾百年にもわたるメンタリティーが新しい規範の要請で短時間に変わるものだろうか？　財政条約の適用の実際は、この点で重要なテストになるだろう。ドイツのある学者が最近別の観点から、「法律への回帰」といったが、このことが、危機を乗り切る上で基本的な前提ではないか、と思う。

これまでのヨーロッパ法に対する、他からの挑戦はもっと強烈である。疑いなく、これまでのブラッセルの共同体手法は、域内市場や対外経済政策の様々な活動においてEU規範を作ってゆく「日常的な仕事」であり、その重要性を維持してゆくだろう。このような「通常の」ヨーロッパ法は、欧州裁判所のコントロールの下に尊重されてゆくだろう。しかしながら、いくつかの軋轢は見過ごすことは出来ない。既に言及したように、危機を通してEUの中のユーロ加盟国と非ユーロ諸国との分裂が深まった。古典的なブラッセルの統合法と並んで、今やESM条約の「ユーロ圏の特別法」や、「殆ど」すべてのEU加盟国がすすめている財政条約が存在している。これらの条約は、独自に国際法に依拠している。伝統的なヨーロッパ法と結び付けようとする努力にもかかわらず、このような二つの法体系の並存が明らかになり、負担となっている。この原因は、ユーロ圏の国家及び政府首脳が、EU機関である委員会や欧州議会に比して新たに優越的地位を占めていることである。不明なことがあっても、不確かなことがあっても、そういうことでは詳細に詰められない。その点からしても「大きな改革」が成功することを願うのみである。

ここまで、色々と疑いを示唆したり批判をしたが、それでも通貨同盟の「救済」に向かっているユーロ諸国の努力は心底から正当である、と確信している。安定的なヨーロッパ法によって結びつけられているEUと通貨同盟は六〇年後もなお正統性を有している。今日では、ヨーロッパ統合が、自明の理であり、有用であって、平和の維持あるいは共通の政治的価値への義務のためであるという正当な理由を、より若い世代に引き継ぐことは困難になった。がしかし、二〇一二年のノーベル平和賞のEUへの授与は、EUが第二次世界大戦後のヨーロッパの最大のプロジェクトとして引き続き重要性を持っていることを新たに強調したことになる。人口減少に見舞われているヨーロッパが、二一世紀のグローバル化した世界において、今日決定権を持つ米国、中国やロシアにもてあそばれないようにするためには唯一共同してのみ対処できるのであることは明らかである。幸いなことに、危機を克服せんとしている責任者たちはこの挑戦を自覚している兆候がある。私はこのテーマについて次のように総括したいと思う。「EUの危機は深刻である。しかも非常に、である。それでもまだ希望はある。」

（訳者注：文中の「ヨーロッパ法」とは、EU諸機関が発した命令、欧州裁判所の判決、これらが欧州域内の公・私人に適用されている法体系、を指す）

〈参考文献〉

日本の外交に関するもの

五百旗頭〔編〕『戦後日本外交史』有斐閣
半藤一利『昭和史』平凡社
『日本の国際協力』外務省
『我らの北方領土』外務省
二〇〇九年版政府開発援助（ＯＤＡ）白書『日本の国際協力』外務省
『日本の軍縮・不拡散外交』外務省
『外交青書二〇一二』外務省
花井等・岡部達味〔編著〕『現代国際関係論』東洋新報社

欧州統合、東アジアに関するもの

Juristische Kurz-Lehrbuecher Oppermann, Classen, Nettesheim 共著 Europarecht, 5. Auflage
C. H. Beck
パスカル・フォンテーヌ『ＥＵを知るための12章』駐日欧州代表部

参考文献

渡邊啓貴〔編〕『ヨーロッパ国際関係史』有斐閣アルマ

村田良平〔編〕『EU―21世紀の政治課題』勁草書房

稲川照芳『欧州分断の克服』信山社

ドイツ週刊誌シュピーゲル誌

渡邊利夫〔編〕『日本のアジア戦略』東洋新報社

西倉一喜『アジア未来』共同通信社

一橋大学アジア政策研究プロジェクト『東アジアの未来』東洋経済新報社

Die Zukunft des Euro

Die europaeische Staatsschuldenkrise und ihre Ueberwindung. Paul J. J. Welfens, nicolai

Europa braucht den Euro nicht. Thilo Sarrazin DVA

あとがき

本書の執筆中も、尖閣諸島を巡る日中の鍔迫り合いが報じられている。中国では新しい指導部が発足し、ほかの先進国と同様に日本でも、また総選挙があった。こうした中で、ある会話が思い出される。

ある国の首都で、私は偶然に、その国の社会主義体制の中を生き抜いてきた元指導者と、ある日本の経済界の指導者との食事会に同席する光栄に浴した。そのときの会話のテーマの一つが民主主義と独裁についてであった。確かに、民主主義は、これまで人類が探してきた最良の統治形態であるが、民主主義は、一種の毒薬である、という。民主主義は、運用の仕方によっては、衆愚政治に陥りやすい、という問題点が指摘されたように思う。

今後の世界の問題は、中国の存在にどう向き合うかということが大きな課題であると思う。中国指導者にとってもこれからの一〇年間は、厳しい挑戦の時代になろう。格差の問題、汚職の問題など、中国は改革に直面している。中国が共産主義独裁を緩和し、国民の意見を広く吸い上げてゆく統治機構を作れるかが問われている、と思う。

世界の多くの人々は、何も中国が混乱に陥ることを望んでいないし、安定的に発展してほしいと願っているものと思う。中国の新しい指導部は、一九世紀初めの米国の民主主義に接し、多大な問題について考えたフランス人政治家トクヴィルの著作を読んでいる、という。中国新指導者にとって、中国の統治形態が直面している深刻な事態について考慮せざるを得ないということであろう。

これからの時代は、世界全体が、東アジアの発展を考慮に入れざるを得ない。これまでヨーロッパ諸国は、正直に言ってアジアについて、（特殊な問題を除いて）経済的な問題以外にはあまり関心を払ってこなかった印象が強い。本書の執筆には、ヨーロッパがもっとアジアの問題に（安全保障問題をも含めて）関心を持って欲しい、という願いが込められている。

同様にアジアについても、その未来に直面する問題についてヨーロッパの経験もヒントにしてほしい。特に、中国は、これまで長年にわたってヨーロッパ諸国が中心となって発展させてきた国際法始め国際秩序に挑戦しようとしている気がしてならない。もしそうであるとしたら、ヨーロッパはもっと真剣にアジアとの対話に取り組んでほしい。本書がそういう方向に進むことに、いささかでも役に立てば幸甚である。

稲川照芳（いながわ・てるよし）

1943年　岐阜県生まれ
1968年３月　東京大学法学部卒，在学中ドイツ・フライブルク大学留学
1968年４月　外務省入省
以降在外では，
ドイツ・チュービンゲン大学留学，ドイツ，チェコスロヴァキア，オーストリア大使館に勤務，ウルグアイ大使，ハンガリー大使を歴任
本省では，条約局，欧亜局，情報文化局，国際情報局，中南米局，総合外交政策局軍備管理・科学審議官組織に勤務
2006年12月　外務省退官
2008年４月以来昭和女子大学客員教授

［主要著作］
レンドヴァイ『ハンガリー人』（訳，2007年，信山社）
『欧州分断の克服――外交現場からの手記』（2011年，信山社）

現代日本の国際関係―東アジア・日本・欧州―

2013（平成25）年４月10日　第１版第１刷発行

著　者　稲　川　照　芳
発行者　今　井　　貴
　　　　渡　辺　左　近
発行所　信山社出版株式会社
〔〒113-0033〕東京都文京区本郷6-2-9-102
電話　03（3818）1019
FAX　03（3818）0344

Printed in Japan

印刷・製本／松澤印刷・渋谷文泉閣

ISBN978-4-7972-2576-1　C3231